persigue

GUÍA DEVOCIONAL DE 30 DÍAS

INSTITUTE

Traducido por Anelly A. Schwab

PERSIGUE: Una Guía Devocional de 30 Días es un recurso traído a usted por el Instituto FC: proporcionando eventos, clases, recursos y experiencias para profundizar su formación teológica y espiritual.

**INSTITUTE**

 FAMILY CHURCH

1101 S Flagler Drive
West Palm Beach, FL 33401
gofamilychurch.org

Autores: Leslee Bennett, Jessica Bopp, Keenan Casteel, Jason Kolar, Todd Thomas, Angel Turbeville y Mark Warnock.

Traducido por Anelly A. Schwab
Editado por Diego Gonzalez

Índice de contenidos

Introducción

Esta guía devocional de 30 días está diseñada para ayudarte a comenzar o a reiniciar correctamente tu camino con Dios. Día a día, te llevará a través de ideas claves y pasajes bíblicos para ayudarte a entender y vivir los fundamentos del caminar con Jesús.

Este libro también está diseñado para ayudarte a iniciar el hábito más importante de un discípulo de Jesús: pasar un tiempo dedicado cada día con tu Salvador, leyendo su Palabra, meditando en ella y orando.

El formato del devocional de cada día es el siguiente:
- Tómate un momento para orar e invitar a Dios a que te hable.
- Lee el pasaje bíblico proporcionado y la breve reflexión devocional.
- Luego busca el pasaje del descubrimiento en tu Biblia. Ya sea que uses una Biblia de imprenta o digital, queremos que te acostumbres a encontrar tu camino en la Biblia. Buscar estos pasajes cada día es una buena práctica.
- Lee el pasaje de descubrimiento y escribe una breve respuesta a la(s) pregunta(s) de reflexión. Hemos proveído un espacio para que lo hagas.
- Hemos provisto una oración en la parte inferior para ayudarte a iniciar tu tiempo de oración, pero siéntete libre de seguir orando.

Hemos diseñado estos momentos devocionales para que duren aproximadamente 10 minutos. A medida que empieces a desarrollarte, puede que te des cuenta de que quieres pasar más de 10 minutos con Jesús cada día. Al principio, sin embargo, sólo concéntrate en establecer el hábito diario.

¡Nos entusiasma verte crecer en tu conocimiento y amor a Dios! Bienvenido al hábito clave de la vida cristiana: tiempo diario en la Palabra y la oración. ¡Manos a la obra!

El diseño de Dios: Estás hecho a imagen y semejanza de Dios

GÉNESIS 1:26-28

Entonces Dios dijo: «Hagamos al ser humano a nuestra imagen y semejanza. Que tenga dominio sobre los peces del mar, y sobre las aves del cielo; sobre los animales domésticos, sobre los animales salvajes, y sobre todos los reptiles que se arrastran por el suelo. Y Dios creó al ser humano a su imagen; lo creó a imagen de Dios. Hombre y mujer los creó, y los bendijo con estas palabras: Sean fructíferos y multiplíquense; llenen la tierra y sométanla; dominen a los peces del mar y a las aves del cielo, y a todos los reptiles que se arrastran por el suelo.

—

Imagina que tienes un retrato tuyo o de un ser querido como tu madre. La imagen pintada no es tu madre, pero la representaría y se parecería a ella en aspectos importantes. Cuando lo vieras colgado en la pared de tu casa, te recordaría a ella.

Dios hizo a los seres humanos a su imagen y semejanza, a diferencia de cualquier otra cosa de la creación. Dios nos diseñó para ser su reflejo en aspectos importantes, principalmente en su amor y carácter. También representamos a Dios ante el mundo. Cuando vemos a otras personas, deberían recordarnos a Dios. Esta importante idea tiene dos implicaciones muy importantes: 1. Debemos comportarnos de una manera que refleje bien a Dios, y 2. Debemos honrar a otras personas porque llevan la imagen de Dios.

Dios también nos dio la responsabilidad sobre el orden creado para cuidarlo y utilizarlo de la manera que Dios apruebe. Nos encomienda ser administradores de su creación.

Nos manda a multiplicar y crear familias y comunidades que reflejen su bondad y su amor. Parte de la bendición que Dios quiere para nosotros es la alegría de tener familias amorosas y sociedades armoniosas que puedan trabajar juntas para lograr el bien que refleje Su gloria.

DESCUBRE: Consulta: Salmo 139:1-16

¿Qué te muestra este pasaje sobre cómo te ha diseñado Dios?

_____

_____

_____

_____

_____

_____

_____

TIEMPO DE ORACIÓN: Señor, ayúdame a ver el valor de mí mismo(a) como portador(a) de tu imagen, y ayúdame también a honrar tu imagen en otras personas. Amén.

El pecado: Nuestro alejamiento del diseño de Dios

GÉNESIS 3:1-7

La serpiente era más astuta que todos los animales del campo que *Dios el SEÑOR había hecho, así que le preguntó a la mujer:*
—¿Es verdad que Dios les dijo que no comieran de ningún árbol del jardín?
—Podemos comer del fruto de todos los árboles —respondió la mujer—. Pero, en cuanto al fruto del árbol que está en medio del jardín, Dios nos ha dicho: "No coman de ese árbol, ni lo toquen; de lo contrario, morirán".

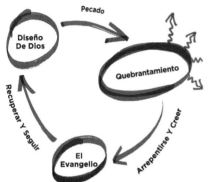

Pero la serpiente le dijo a la mujer:—¡No es cierto, no van a morir! Dios sabe muy bien que, cuando coman de ese árbol, se les abrirán los ojos y llegarán a ser como Dios, conocedores del bien y del mal. La mujer vio que el fruto del árbol era bueno para comer, y que tenía buen aspecto y era deseable para adquirir sabiduría, así que tomó de su fruto y comió. Luego le dio a su esposo, y también él comió. En ese momento se les abrieron los ojos, y tomaron conciencia de su desnudez. Por eso, para cubrirse entretejieron hojas de higuera.

.
—

¿Has estado alguna vez en un automóvil cuando llega a las bandas sonoras? ¿Esas pequeñas y molestas bandas rugosas grabadas en los márgenes de la calzada? Tanto si eres el conductor como el pasajero, esto provoca una gran alerta. La vibración y el sonido te indican inmediatamente que el automóvil se ha desviado de la trayectoria prevista. Sabes que algo va mal y que es mejor que lo arregles rápido, antes de que se produzca un peligro real.

Adán y Eva sintieron las bandas de estruendo catastróficas cuando se desviaron del camino del buen diseño de Dios. Tenían todo lo que necesitaban en Dios y todo lo que Él proveía, pero perdieron el control. Todo cambió no sólo para ellos sino para todos y todo en el planeta tierra. El mal, el dolor, las dificultades y la muerte fueron consecuencia de su falta de confianza en Dios. Lo peor de todo es que el alejamiento de los designios de Dios causaría una ruptura en su relación más importante: su relación con Dios mismo.

La buena noticia es que alguien vendría un día a arreglar todo esto. Él nos daría la oportunidad de volver al camino para recuperarnos y perseguir el diseño de Dios. Y Él sería el puente entre el abismo de Dios y nosotros. Ese alguien es Jesús.

DESCUBRE: Consulta: Romanos 3:23 e Isaías 64:5-6.

¿Qué te muestran estos pasajes sobre la gravedad de apartarse del diseño de Dios?

_____

_____

_____

¿Puedes pensar en algún momento de tu vida en el que Dios te haya proporcionado "bandas sonoras" para que vuelvas al camino correcto?

_____

_____

_____

TIEMPO DE ORACIÓN: Señor, dame hoy el enfoque para confiar en ti y en tu diseño en lugar de desviarme del camino hacia el peligro. Amén.

El quebrantamiento: Nuestro pecado lleva a la muerte

ROMANOS 5:12

Por medio de un solo hombre el pecado entró en el mundo, y por medio del pecado entró la muerte; fue así como la muerte pasó a toda la humanidad, porque todos pecaron.

ROMANOS 6:23

Porque la paga del pecado es muerte, mientras que la dádiva de Dios es vida eterna en Cristo Jesús, nuestro Señor.

—

¿Te han pillado "con las manos en la masa"? ¿Recuerdas esas palabras que te decía tu madre cuando te encontraba hurgando en el tarro de las galletas? Todos podemos identificarnos. ¿Qué sigue? Las consecuencias de tus acciones. ¿Tu mamá no te dejo comer más galletas por el resto del día, o incluso por el resto de la semana? ¿Recibiste una multa por exceso de velocidad? ¿O te suspendieron por hacer trampa en el examen del colegio? Tus decisiones tienen consecuencias.

Más concretamente, el pecado tiene consecuencias: relaciones rotas, luchas financieras, problemas familiares, trabajo difícil y mucho más. Pero la peor consecuencia de todas es la muerte. Cuando la Biblia habla de la muerte, significa más de lo que solemos pensar. La muerte en la Biblia a menudo se refiere a nuestra relación cortada con Dios y las consecuencias eternas que tenemos que pagar. En lugar de la unión con Dios, estamos separados de Él porque Él es santo y no puede permitir que el pecado quede impune. Las consecuencias del pecado son catastróficas.

¿Hay alguna esperanza? ¿Puede alguien arreglar esto?

Sí. Su nombre es Jesús. Él es quien nos da un camino hacia la vida y la luz en lugar de la oscuridad y la muerte. Él nos salva de las consecuencias de nuestras propias elecciones. Como dice Romanos 6:23, Jesús nos ofrece la vida eterna como un regalo gratuito.

DESCUBRE: Consulta: Génesis 3:8-24.

Comparte un ejemplo de cuando te pillaron "con las manos en la masa" y las consecuencias a las que te enfrentaste.

_____

_____

_____

¿Cómo has visto que las decisiones pecaminosas causan estragos en nuestro mundo?

_____

_____

_____

TIEMPO DE ORACIÓN: Señor, en medio de la ruptura y el dolor que me rodean, ayúdame a poner hoy mi esperanza y mi confianza en Ti. Amén.

El Evangelio: El amor de Dios demostrado

1 CORINTIOS 15:3-4

Porque ante todo les transmití a ustedes lo que yo mismo recibí: que Cristo murió por nuestros pecados según las Escrituras, que fue sepultado, que resucitó al tercer día según las Escrituras, ...

ROMANOS 5:8

... Pero Dios demuestra su amor por nosotros en esto: en que cuando todavía éramos pecadores, Cristo murió por nosotros.

—

La buena noticia - el evangelio - es que Jesucristo entró en nuestro mundo, vivió la vida perfecta que ninguno de nosotros podría vivir, ofreció voluntariamente su propia vida por nuestros pecados y venció a la muerte mediante su resurrección. Su victoria sobre el pecado y la muerte es lo que cambió todo para siempre. ¿Te imaginas que alguien asumiera un castigo por ti? ¿Incluso uno pequeño? El Evangelio nos dice que Jesús asumió el mayor castigo que podrías merecer. ¡Qué amor tan increíble nos mostró!

De la misma manera que el pecado de Adán y Eva trajo la muerte a todos, la resurrección de Jesús es lo que trae la vida a cualquiera que lo reciba como su Señor y Salvador (Romanos 5:8).

Pero eso no es todo. Cuando Él entra en nuestras vidas, nuestro quebranto puede volver a ser reparado por completo. Jesús puede volver a unir a las familias. Puede traer la paz a nuestros corazones. Puede darnos esperanza en las circunstancias más oscuras.

El Evangelio es la buena noticia de que Dios nos amó tanto que envió a su hijo Jesús para que viviera una vida perfecta. Jesús vivió en esta tierra como un ser humano como nosotros y nunca violó el diseño de Dios de ninguna manera. Amó a la gente, cuidó de la gente y defendió a la gente que no podía defenderse por sí misma. Curó a la gente. Cuando otros oprimían a las personas y las expulsaban, Jesús las atraía y las levantaba.

Entonces, un día, cuando Jesús tenía 33 años, la gente a la que amaba lo llevaron fuera de la ciudad de Jerusalén y lo colgaron en una cruz. Le pusieron una corona de espinas en la cabeza. Le pusieron clavos en las manos y en los pies. Le clavaron una lanza en el costado. Y Jesús murió. Jesús murió por pecados que nunca cometió. Jesús murió por mis pecados y por los tuyos. Cuando Jesús murió en la cruz, Dios hizo un milagro. Tomó todos nuestros pecados y los puso sobre Jesús. Tomó toda la justicia de Jesús y la puso sobre todos los que se arrepienten y creen. Dios permitió que Jesús pagara la deuda que tenemos. Dios permitió que Jesús pagara la pena de muerte que merecemos.

Jesús murió. Fue enterrado y luego resucitó de entre los muertos. La resurrección es importante porque cuando resucitó de entre los muertos Jesús demostró que era el hijo de Dios tal y como decía ser. Demostró que tenía el poder de perdonar los pecados. Demostró que tenía el poder de vencer a la muerte.

DESCUBRE: Consulta: Juan 3:16-17

¿Cómo resumirías el Evangelio con tus propias palabras?

_____

_____

_____

TIEMPO DE ORACIÓN: Señor, gracias por entrar en el mundo y dar tu propia vida por mí. Ayúdame a mostrar hoy tu amor sacrificado a los demás. Amén.

Arrepiéntete y cree

MARCOS 1:15
Se ha cumplido el tiempo —decía—. El reino de Dios está cerca. ¡Arrepiéntanse y crean las buenas nuevas!

EFESIOS 2:8-9
Porque por gracia ustedes han sido salvados mediante la fe; esto no procede de ustedes, sino que es el regalo de Dios, no por obras, para que nadie se jacte.

—

¿Cuál es el mejor regalo de cumpleaños o de Navidad que has recibido? ¿Por qué fue tan especial? Seguro que lo importante no fue sólo el contenido del regalo, sino quién te lo dio. Quizás fue tu madre o tu padre, tu cónyuge o un amigo. Los regalos son especiales porque representan que alguien dedica tiempo y energía a hacernos sentir queridos.

Esto es lo que Dios hizo por nosotros a través de Jesús.

Aunque estábamos "muertos en nuestros delitos y pecados", Jesús nos ofrece el don gratuito de la salvación y la vida eterna. No se nos ofrece por nada que hayamos hecho o por lo buenos que hayamos sido. Sólo está disponible por la gracia y el amor de Dios.

¿Cómo podemos recibir este don de Jesús? La Biblia nos dice que "nos arrepintamos y creamos". Arrepentirse significa "cambiar de opinión o de dirección". En otras palabras, en lugar de ir por tu propio camino que lleva a la muerte, te das la vuelta, hacia Jesús, y empiezas a seguir Su camino que lleva a la vida. Crees que Él es el camino de la salvación. Le pides que sea tu Señor y que perdone tus pecados.

 ¡Arrepiéntete y cree! Es la mejor decisión que podrás tomar en tu vida.

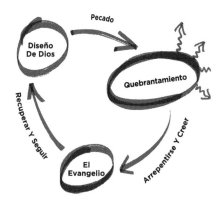

Pecado

Diseño De Dios

Quebrantamiento

Recuperar Y Seguir

El Evangelio

Arrepentirse Y Creer

DESCUBRE: Consulta: Romanos 2:4, Romanos 10:9-10

¿Has dado el paso de arrepentirte y creer en Jesucristo? Si lo has hecho, ¿cómo fue la experiencia? Si no, ¿qué te impediría hacerlo hoy?

_____

_____

_____

_____

_____

_____

_____

_____

TIEMPO DE ORACIÓN: Señor, estoy muy agradecido por la salvación que me has dado a través de Jesús. Quiero mostrar a otros lo que he encontrado en Ti. Por favor, abre mis ojos a otros con los que pueda compartir las buenas noticias. Amén.

Recupera y persigue

2 CORINTIOS 5:17
Por lo tanto, si alguno está en Cristo, es una nueva creación. ¡Lo viejo ha pasado, ha llegado ya lo nuevo!

—

En Recuerda a los Titanes, el equipo de fútbol americano de la escuela secundaria, T.C. Williams volvió a casa del campo de entrenamiento con determinación y empuje. Estaban dispuestos a enfrentarse a cualquier rival que se interpusiera en su camino. Pero para hacerlo, tuvieron que dejar atrás varias cosas viejas: el racismo, el orgullo, el odio y los celos. También tenían que apoderarse de cosas nuevas como el compromiso, la unidad y la amistad. Con los entrenadores Boone y Yoast al mando, los Titanes experimentaron un éxito sin precedentes en aguas desconocidas.

El Evangelio nos dice que Jesús nos salvó tal y como éramos. Nos tomó y nos hizo suyos, aunque fuéramos pecadores desobedientes (Romanos 5:8, Efesios 2:1-2). Eso ya es una buena noticia, pero se pone aún mejor: Promete cambiarnos de dentro a fuera. Por el poder del Espíritu Santo, podemos dejar atrás las cosas que nos hacen sentir vacíos e insatisfechos. Podemos perseguir las cosas que tienen sentido y propósito. ¿Quieres ver una gran lista de cosas nuevas que surgen a través de una relación con Jesús? Es una lista que ejemplifica el diseño de Dios. Es el tipo de vida que Dios te invita a recuperar y perseguir con Su ayuda.

Consulta esto:
Gálatas 5:22-23
En cambio, el fruto del Espíritu es amor, alegría, paz, paciencia, amabilidad, bondad, fidelidad, humildad y dominio propio. No hay ley que condene estas cosas.

Estas son sólo algunas de las cosas nuevas que Jesús quiere construir en tu vida.

DESCUBRE: Consulta: Efesios 2:10, Filipenses 1:6, y Colosenses 2:6-7.

¿Cuáles son algunas de las "cosas viejas" en tu vida que necesitan pasar, y cuáles son algunas de las cosas nuevas que te gustaría que Dios trajera a tu vida?

_____

_____

_____

_____

_____

_____

TIEMPO DE ORACIÓN: Señor, estoy deseando ver lo que harás hoy en mi vida. Dame alegría mientras me recupero y persigo tu diseño. Amén.

Identidad: ¡Dios te ha hecho nuevo!

2 CORINTIOS 5:16-18

Así que de ahora en adelante no consideramos a nadie según criterios meramente humanos. Aunque antes conocimos a Cristo de esta manera, ya no lo conocemos así. Por lo tanto, si alguno está en Cristo, es una nueva creación. ¡Lo viejo ha pasado, ha llegado ya lo nuevo! Todo esto proviene de Dios, quien por medio de Cristo nos reconcilió consigo mismo y nos dio el ministerio de la reconciliación.

—

A todo el mundo le gustan las cosas nuevas. La gente se para fuera de las tiendas de Apple durante horas para conseguir ese nuevo iPhone. En 2 Corintios 5:17, vemos que en Cristo somos una nueva creación. ¿Qué significa ser nuevo? Significa estar limpio, fresco, capaz y equipado. Puede que tú no te veas así, pero Dios sí que lo hace.

La Biblia dice: "Si alguien está en Cristo...". Si CUALQUIER persona cree en el evangelio de Jesús, es una nueva creación. Así es como nos ve el Dios del universo. Te ve como una nueva creación limpia, fresca, capaz y equipada. Antes de Jesús, éramos pecadores que necesitaban ser rescatados. Ahora lo viejo ha pasado y lo nuevo ha llegado. Jesús nos reconcilió con Dios. Ningún sentimiento de culpa o vergüenza debe impedirte acercarte a Dios. No importa dónde hayas estado o lo que hayas hecho, todo lo viejo ha sido borrado. Nada se interpone entre tú y Dios: ni los pecados del pasado, ni los quebrantamientos del presente. NADA. Eres una nueva creación.

Para acompañar nuestra nueva vida y posición ante Dios, tenemos también un nuevo propósito. La Biblia lo llama "el ministerio de la reconciliación". Es decir, ahora podemos ayudar a otros a descubrir la nueva vida de libertad y perdón que Dios quiere para ellos. Nuestras nuevas vidas se convierten en un canal de bendición para otras personas. Les invitamos a la misma gracia que nosotros hemos descubierto. Les decimos cómo pueden borrar sus pecados y ser recibidos en la familia de Dios.

Al igual que Jesús nos reconcilió con el Padre, haciéndonos nuevos, ahora podemos ir a decir a otros cómo pueden ser hechos nuevos. Podemos ser, como dice el refrán, mendigos que cuentan a otros mendigos dónde han encontrado el pan.

DESCUBRE: Consulta: Marcos 5:1-20

¿Cómo el hecho de ser una nueva creación cambia la forma en que te ves a ti mismo y la forma en que vives tu vida?

_____

_____

_____

_____

_____

_____

_____

TIEMPO DE ORACIÓN: Señor, ayúdame a verme como tú me ves, como una nueva creación. Ayúdame a abrazar mi propósito mientras vivo mi vida cotidiana y a invitar a otros a esta nueva vida. Amén.

Identidad: Eres un/a embajador/a

2 CORINTIOS 5:19-21

Esto es, que, en Cristo, Dios estaba reconciliando al mundo consigo mismo, no tomándole en cuenta sus pecados y encargándonos a nosotros el mensaje de la reconciliación. Así que somos embajadores de Cristo, como si Dios los exhortara a ustedes por medio de nosotros: En nombre de Cristo les rogamos que se reconcilien con Dios. Al que no cometió pecado alguno, por nosotros Dios lo trató como pecador, para que en él recibiéramos la justicia de Dios.

—

Un embajador es una persona acreditada enviada por un país como su representante oficial en un país extranjero. Es un honor representar a tu país de esa manera y es un honor que se concede a unos pocos elegidos.

Uno no decide simplemente ser embajador de un país. Alguien en el sur de Florida, por ejemplo, no podría ser embajador de Jamaica simplemente diciendo que lo es. ¿Por qué? Bueno, en primer lugar, ¡puede que ni siquiera sea de Jamaica! En segundo lugar, tendría que ser nombrado por el gobierno jamaicano para otorgarle ese derecho.

En 2 Corintios 5:20, Pablo nos dice que somos embajadores de Cristo. ¿Qué significa eso? En primer lugar, significa que nuestro hogar ya no es este mundo: nuestro verdadero hogar es ahora el Reino de Dios. En segundo lugar, significa que Dios, nuestro Rey, nos ha dado la autoridad para ser Sus embajadores donde vivimos actualmente. Puedes representar a Dios y a Su Reino. Puedes hablar a los demás en Su nombre. Sirves de intermediario entre el lugar donde vives y el Reino de Dios. ¡Piensa en el honor y el privilegio que esto significa!

Dios te ha elegido para esta tarea. Tienes Su autoridad detrás de ti. Formas parte de unos pocos elegidos y Dios cuenta contigo. No hay propósito tan especial o poderoso como el de ser embajador del Dios todopoderoso y reconciliador del universo.

DESCUBRE: Consulta: Marcos 1:16-20

¿Cómo el hecho de tener la autoridad de Dios detrás de ti te da el valor para vivir como embajador de Cristo?

_____

_____

_____

¿Qué implica ser embajador de Dios en el lugar donde vives, trabajas y juegas actualmente?

_____

_____

_____

TIEMPO DE ORACIÓN: Señor, gracias por hacerme nuevo y por darme un nuevo propósito. Muéstrame lo sorprendente que es tu autoridad en mi vida mientras vivo como tu embajador hoy. Amén.

Identidad: Templo del Espíritu Santo

EZEQUIEL 36:26-27

Les daré un nuevo corazón, y les infundiré un espíritu nuevo; les quitaré ese corazón de piedra que ahora tienen, y les pondré un corazón de carne. Infundiré mi Espíritu en ustedes, y haré que sigan mis preceptos y obedezcan mis leyes.

—

Convertirse en cristiano es la mejor decisión que se puede tomar. A menudo se oyen historias de personas que viven vidas completamente quebrantadas hasta que Jesús las transforma radicalmente. El apóstol Pablo pasó de ser un perseguidor de cristianos a ser uno de los mayores evangelistas y plantadores de iglesias que han existido. Pero este cambio radical no es estándar para todos. Pedro, uno de los seguidores más cercanos de Jesús, mintió sobre su condición de seguidor de Jesús unas horas antes de que éste fuera crucificado. Más adelante en su vida, también tuvo que enfrentarse a cómo su racismo étnico estaba perjudicando a la iglesia. Pedro no tuvo una transformación radical; su transformación fue más gradual.

La verdad es que, aunque seamos nuevas creaciones y tengamos nuevas identidades, seguimos luchando con el pecado. Las antiguas tendencias y hábitos que nos condujeron al quebrantamiento pueden seguir estando presentes en nuestras vidas.

Sin embargo, todavía hay algo poderoso que nos distingue cuando nos convertimos en cristianos: Dios envía al Espíritu Santo para que habite en nosotros. Él es el "corazón de carne" dentro de nosotros que está vivo, es tierno y responde a Dios. Nos da nuevos pensamientos y deseos que se alinean con la Palabra de Dios. Sustituye nuestros antiguos patrones de pecado por nuevos patrones de justicia. El Espíritu que mora en nosotros despierta el deseo de obedecer a Jesús. Él mueve nuestros afectos y acciones para recuperar y perseguir el diseño de Dios. Somos transformados, poco a poco, para ser más como Jesús.

DESCUBRE: Consulta: 1 Corintios 6:19-20

¿Qué cambios experimentaste cuando entregaste tu vida a Cristo?

_____

_____

_____

¿De qué manera ves que el Espíritu Santo mueve tus afectos y acciones hacia el diseño de Dios?

_____

_____

_____

TIEMPO DE ORACIÓN: Señor, gracias por darme tu Espíritu. Te ruego que siga maravillándome de tu asombroso diseño para mi vida. Ayúdame a perseguirlo con todo lo que tengo. Amén.

Vivir en el poder del Espíritu

ROMANOS 8:3-4

En efecto, la ley no pudo liberarnos porque la naturaleza pecaminosa anuló su poder; por eso Dios envió a su propio Hijo en condición semejante a nuestra condición de pecadores, para que se ofreciera en sacrificio por el pecado. Así condenó Dios al pecado en la naturaleza humana, a fin de que las justas demandas de la ley se cumplieran en nosotros, que no vivimos según la naturaleza pecaminosa, sino según el Espíritu.

—

Jesús hizo algo que la ley nunca pudo hacer: nos liberó. Las personas estamos atadas a lo que la Biblia llama la carne, lo terrenal y frágil de nuestra humanidad. Por la debilidad de la carne tenemos la inclinación a pecar y ninguna persona, fuera de Jesús, ha podido escapar. La ley de Dios no pudo librarnos de nuestra carne. Nos decía cómo obedecer a Dios, pero no nos daba el poder de obedecer a Dios. Seguíamos siendo esclavos de nuestro pecado.

Jesús cumplió los requisitos de la ley que nosotros no podíamos cumplir. Vivió una vida de perfecta obediencia a la ley y, en la cruz, soportó las consecuencias físicas y espirituales que la ley imponía por nuestro pecado. Cumplió la ley por sí mismo y por nosotros. Al tercer día, resucitó con un poder que superó la habilidad del pecado y de la muerte para retenerle. Ese mismo poder conquistador viene a vivir en nosotros en forma de Espíritu Santo cuando nos unimos a Él en la fe.

El poder del Espíritu Santo nos libera de nuestros deseos pecaminosos y nos da el deseo y la fuerza de obedecer a Dios. Sabemos que Él está actuando cuando el amor, la alegría, la paz, la paciencia, la amabilidad, la bondad, la fidelidad, la mansedumbre y el autocontrol comienzan a manifestarse en nuestras vidas. Estos son los frutos del Espíritu. Cuando empezamos a caminar de esta manera, empezamos a caminar en libertad. No hay forma más poderosa de mostrar al mundo el poder del Evangelio que viviendo en el poder del Espíritu.

DESCUBRE: Consulta: Gálatas 5:1 y Gálatas 5:22-25

¿Qué significa vivir en el poder del Espíritu?

_____

_____

_____

Vuelve a mirar la lista de "frutos del Espíritu" de Gálatas 5:22-23. ¿Cómo cambiaría tu vida si los vivieras hoy?

_____

_____

_____

TIEMPO DE ORACIÓN: Señor, gracias por liberarme de mi pecado y darme el poder de vencerlo. Enséñame hoy a caminar mediante el Espíritu. Amén.

El bautismo: Unirse a la familia

HECHOS 2:37-38

Cuando oyeron esto, todos se sintieron profundamente conmovidos y les dijeron a Pedro y a los otros apóstoles: —Hermanos, ¿qué debemos hacer?

—Arrepiéntase y bautícese cada uno de ustedes en el nombre de Jesucristo para perdón de sus pecados —les contestó Pedro—, y recibirán el don del Espíritu Santo. En efecto, la promesa es para ustedes, para sus hijos y para todos los extranjeros, es decir, para todos aquellos a quienes el Señor nuestro Dios quiera llamar.

—

El bautismo es el primer paso de obediencia para el seguidor de Cristo. Es un símbolo de su relación en Cristo. Imagina a un novio y una novia que han intercambiado sus votos y han cumplido los requisitos para casarse. Llevan un anillo como signo externo de su compromiso mutuo. El bautismo es como ese anillo de boda: un signo externo de un compromiso interno.

El propio Jesús fue bautizado como ejemplo para nosotros (Mateo 3:16-17) y ordena a todos los creyentes que den este paso como declaración de su fe. Este símbolo externo de nuestra fe demuestra nuestra identificación y creencia en la muerte, la sepultura y la resurrección de Cristo. Demuestra que hemos muerto a una antigua forma de vida sin Jesús y que estamos vivos para una nueva vida en Cristo. Nos identificamos con Cristo y con su cuerpo, la iglesia.

En Family Church, practicamos lo que se llama «bautismo del creyente». En algunas tradiciones, los niños pequeños se bautizan como expresión de la fe de sus padres, pero el bautismo del creyente significa que la persona que se bautiza está expresando su propia fe y confianza en Cristo. Esta es la pauta constante en el Nuevo Testamento.

Cuando te bautizas, también se te da la bienvenida como miembro de nuestra familia eclesial. Expresas tu compromiso exterior de seguir a Cristo y nosotros expresamos nuestro compromiso de animarte y apoyarte en tu camino de fe. Los bautismos se realizan siempre en una reunión de oración colectiva para que podamos celebrarlo como una familia.

DESCUBRE: Consulta: Mateo 3:13-17.

¿Por qué crees que Juan se resistió a bautizar a Jesús? ¿Qué motivo tuvo Jesús para ser bautizado?

_____

_____

_____

_____

_____

_____

TIEMPO DE ORACIÓN: Señor, gracias por el don de la salvación y la oportunidad de ser bautizado para poder proclamar públicamente la obra que has hecho en mi corazón. Amén.

Si quieres bautizarte o quieres más información al respecto, visita www.gofamilychurch.org.

Conectados a la familia de Dios

HECHOS 2:42-47

Se mantenían firmes en la enseñanza de los apóstoles, en la comunión, en el partimiento del pan y en la oración. Todos estaban asombrados por los muchos prodigios y señales que realizaban los apóstoles. Todos los creyentes estaban juntos y tenían todo en común: vendían sus propiedades y posesiones, y compartían sus bienes entre sí según la necesidad de cada uno. No dejaban de reunirse en el templo ni un solo día. De casa en casa partían el pan y compartían la comida con alegría y generosidad, alabando a Dios y disfrutando de la estimación general del pueblo. Y cada día el Señor añadía al grupo los que iban siendo salvos.

—

Los primeros cristianos que creyeron en el Evangelio se reunieron en una extraordinaria comunidad de amor. Escuchaban y practicaban las enseñanzas de los apóstoles de Jesús, confraternizaban y oraban juntos, y daban de su propios recursos para satisfacer las necesidades de los demás. Sucedieron grandes cosas y las vidas se transformaron. El ambiente era tan electrizante y la comunidad era tan encantadora que cada día había nuevas personas que creían en Cristo y se unían a la iglesia.

Queremos ver a Dios hacer grandes cosas y transformar vidas en Family Church, por lo que nos esforzamos por seguir el modelo de la primera iglesia. Cada semana, nos reunimos en las iglesias locales de los vecindarios bajo la enseñanza de un pastor local. Oramos con y por los demás, damos para satisfacer las necesidades y hacemos avanzar el evangelio de Jesús. También participamos en una comida familiar llamada la Cena del Señor. Esta celebración recrea la Última Cena que Jesús tuvo con sus discípulos. Es profundamente simbólica: el pan representa Su cuerpo que fue partido por nosotros, y la copa representa Su sangre que fue derramada por nosotros. Es un momento para reflexionar en nuestro propio corazón sobre nuestra relación con Él y para esperar el día en que Él vuelva y arregle todas las cosas.

Algunas personas piensan que pueden vivir su relación con Dios por sí mismas, pero Dios no quiere que sea así. Quiere que estemos juntos para que podamos ver cómo actúa Dios en la vida de los demás. Quiere que animemos a los que están teniendo dificultades. Quiere que disfrutemos de la bendición de pertenecer a una familia.

DESCUBRE: Consulta: Hebreos 10:24-25

¿Por qué dice la Biblia que es importante reunirse con la familia de la iglesia?

_____

_____

_____

_____

_____

_____

_____

TIEMPO DE ORACIÓN: Señor, gracias por la oportunidad de formar parte de tu familia. Ayúdame a estar presente y disponible para animar a mi familia de la iglesia. Amén.

La oración: La comunicación con Dios nuestro Padre

MATEO 7:11

Pues si ustedes, aun siendo malos, saben dar cosas buenas a sus hijos, ¡cuánto más su Padre que está en el cielo dará cosas buenas a los que le pidan! Así que en todo traten ustedes a los demás tal y como quieren que ellos los traten a ustedes. De hecho, esto es la ley y los profetas.

—

A un buen padre le gusta pasar tiempo con sus hijos. Le gusta hablar con ellos a menudo y sobre cualquier cosa que quieran compartir. En la Biblia aprendemos que Dios es un buen Padre y quiere hablar con nosotros.

La oración es simplemente una conversación. Hablamos con Dios y escuchamos su respuesta. ¿Te has fijado alguna vez en que los niños no dudan en pedir lo que quieren? Como los niños pequeños, podemos decir cualquier cosa a nuestro Padre. Pedir es probablemente la forma más básica de orar, ¡y Dios quiere que pidamos! Dios quiere que acudamos a Él en la oración creyendo que le escucha y le responderá. Podemos confiar en que recibiremos una respuesta que nos beneficie. Al igual que ocurre con los niños, podemos pedir cosas que quizá no sean buenas para nosotros. Creemos que son buenas, pero Dios sabe que tiene algo mejor. Dios lo ve todo y responde con amor desde una perspectiva que no podemos compartir. El bien de Dios es mucho mejor que cualquier cosa que podamos imaginar.

A veces puede que no sepas sobre qué orar o qué decir. La Biblia enseña que el Espíritu Santo intercede por nosotros, aunque no sepamos cómo debemos orar (Romanos 8:26). Por eso, aunque nuestros intentos de orar se sientan torpes, vacilantes y desconcertantes, el propio Espíritu nos ayuda.

Nuestras oraciones empiezan a ser más profundas cuando miramos más allá de lo que queremos, al Dios amoroso y sabio que sabe lo que necesitamos. Él es nuestro Padre y nuestro proveedor. Puede que a veces Dios parezca distante o que no responda como tú quieres. No te frustres y ni dejes de orar.

En cambio, apóyate en Él y confía en Él. Puede que encuentres allí las respuestas que no sabías que necesitabas pedir.

DESCUBRE: Consulta: Romanos 8:27-29.

¿Qué cosas le has pedido a Dios?

¿Te ayudarán estas cosas a centrarte más en Cristo?

_____

_____

_____

_____

_____

_____

_____

TIEMPO DE ORACIÓN: Dios, gracias por ser un buen Padre. Ayúdame a acercarme a ti con la confianza de un niño y a derramar ante ti todas mis necesidades y esperanzas. Amén.

DÍA 14

La oración: Jesús nos muestra cómo orar

MATEO 6:7-9A

Y al orar, no hablen solo por hablar como hacen los gentiles, porque ellos se imaginan que serán escuchados por sus muchas palabras. No sean como ellos, porque su Padre sabe lo que ustedes necesitan antes de que se lo pidan. Ustedes deben orar así...

—

Jesús nos da un ejemplo de cómo orar a nuestro Padre Celestial. La oración de Jesús comienza reconociendo quién es Dios. «Padre nuestro, que estás en los cielos...» Nuestro Padre gobierna tanto el cielo como la tierra, y puede escuchar y responder a nuestras oraciones.

Cuando hablamos con Dios, a Él le encanta escuchar nuestras necesidades y preocupaciones diarias: las luchas en las relaciones, las necesidades económicas y las cargas personales. También le gusta oír las cosas que hacemos para perseguir su reino: oraciones para que nuestra familia y nuestros amigos lleguen a creer en el Evangelio, oraciones para que Dios nos ayude a perseguir su diseño para nuestras vidas, oraciones por las personas y las naciones necesitadas más allá de nuestra capacidad de influencia, oraciones para comprender mejor quién es Dios y oraciones para que nos ayude a entender su palabra. Estas son las oraciones que atraerán el corazón de Dios.

La Biblia también enseña que podemos orar en cualquier lugar y dar gracias en todo. Esto sucede de forma natural cuando la oración se convierte en parte del ritmo normal de nuestra vida. Deberíamos planear conscientemente reservar un tiempo específico cada día para estar en silencio y orar. Es importante aquietar nuestro corazón y nuestra mente para poder centrarnos en estar plenamente presentes con Dios.

Una forma fácil de empezar a orar es utilizar el acróstico ORAR:

- Ofrece alabanzas: reconoce quién es Dios. Esto puede ser a través de un título o atributo (Padre, Santo, Todopoderoso, Bueno...)
- Reconciliación - dile a Dios dónde te has apartado de su diseño o dónde te cuesta obedecerle.
- Apelar/Pedir - sé específico en lo que buscas de Dios. Estas peticiones pueden incluir oraciones por las necesidades, por las personas de tu vida que aún se encuentran en situación de quebranto, o por la sabiduría y la orientación.
- Ríndete - Al final de tu oración, incluye una declaración de rendición. Independientemente de nuestras peticiones, nos rendimos a nuestro buen Padre. Él sabe lo que es mejor para nuestras vidas. Nos rendimos a su voluntad.

DESCUBRE: Consulta: Mateo 6:9-15

¿Cuáles son algunas de las distracciones con las que luchas cuando intentas orar? ¿Cómo puedes crear un espacio en tu rutina diaria para orar?

_____

_____

_____

_____

_____

TIEMPO DE ORACIÓN: Para el tiempo de oración de hoy, intenta utilizar el acróstico ORAR.

Orar a través de la incredulidad

MARCOS 9:23-24
Y Jesús le dijo a él, ¿Cómo que si puedo? Para el que cree, todo es posible.
—¡Sí creo! —exclamó de inmediato el padre del muchacho—. ¡Ayúdame en mi poca fe!

—

Habrá momentos en nuestra vida en los que nos encontraremos con circunstancias que nos harán difícil creer. Oramos, a veces durante días, semanas, meses o años, y nada parece cambiar. Nuestra fe se debilita... queremos seguir creyendo, pero parece que Dios no nos escucha.

En estos momentos, podemos tener la tentación de alejarnos de Dios. La oración de este padre en el capítulo 9 de Marcos es un gran ejemplo de cómo debemos orar en los momentos difíciles, cuando nos sentimos lejos de Dios. «¡Creo, ayuda a mi incredulidad!» Ya ves, Dios ya conoce tu corazón. Él ya sabe que estás luchando. Reconoce cuando oras con menos frecuencia y cuando has perdido la esperanza. No espera que te esfuerces más y ejerzas mayores músculos de fe, sólo quiere que acudas a Él.

Dios es Quien dice ser y actuará a tu favor. Nuestra creencia en la capacidad de Dios para actuar debe estar arraigada en quién es Dios. Su palabra nos dice que Dios "es capaz de hacer mucho más que todo lo que pedimos o pensamos" (Efesios 3:20). Esas son palabras poderosas. Nada de lo que luchemos será nunca mayor que el poder de Dios.

La Biblia también nos dice que oremos con otros. A Dios le encanta que su pueblo se reúna y oren juntos. Podemos confesar las luchas, incluso las luchas por creer en Dios. Podemos orar para que Dios trabaje en las vidas de nuestra familia de la iglesia. Cuando oramos con otros, salimos del aislamiento y entramos en la comunidad.

Compartir las peticiones por oración nos permite ver el poder de Dios no sólo en nuestras propias vidas, sino también en las vidas de nuestra familia de la iglesia. Esta es la razón por la que Family Church recopila peticiones por oración cada semana en nuestras tarjetas «Conéctate» o Get Connected. Oramos por estas peticiones cada semana porque creemos que Dios va a trabajar a favor de su pueblo.

DESCUBRE: Consulta: Efesios 1:15-23

¿Cuáles son algunas de las cosas específicas por las que Pablo oró por la iglesia de Éfeso en este pasaje?

_____

_____

_____

_____

_____

TIEMPO DE ORACIÓN: Cuando no tenemos palabras para orar, podemos orar con poder usando la Palabra de Dios. Ora Efesios 1:15-23 por tu vida.

Conocer la Biblia

La Biblia es la Palabra de Dios. En ella, Él se revela a la humanidad. Comunica su voluntad, su diseño y su amor. La única manera de entender la voluntad y los caminos de Dios es convertirse en estudiantes de la Biblia.

Si no está familiarizado con la Biblia, aquí tiene una breve orientación:
La Biblia es el libro más vendido de todos los tiempos. Aunque se publica como un solo volumen, en realidad es una colección de 66 documentos o "libros" separados, escritos a lo largo de unos 1500 años por 40 autores diferentes. La Biblia está escrita en tres idiomas: hebreo, griego y arameo. Hay 39 libros en el Antiguo Testamento y 27 libros en el Nuevo Testamento. El Antiguo Testamento abarca desde la creación hasta el año 400 a.c., y el Nuevo Testamento abarca desde el nacimiento de Jesús hasta el año 90 d.C. aproximadamente.
Hay varios géneros de literatura en la Biblia:

- Libros de la Ley (Levítico)
- Libros de Historia (como I y II Reyes y I y II Crónicas, Rut, Ester, Hechos)
- Poesía (Salmos, Cantar de los Cantares)
- Libros de Sabiduría (Proverbios, Eclesiastés)
- Literatura apocalíptica (partes de Daniel y Ezequiel, Apocalipsis)
- Evangelios o biografías de Jesús (Mateo, Marcos, Lucas, Juan)
- Cartas a las iglesias (como Romanos y Corintios)
- Cartas a individuos (Tito, Filemón, 3 Juan)

A pesar de toda esta diversidad, la Biblia tiene un único mensaje discernible de la obra de Dios para rescatar a la humanidad de su pecado y esclavitud. Culmina en Jesucristo, su muerte, sepultura y resurrección. El Antiguo Testamento anticipa la primera venida y la obra de Jesús. El Nuevo Testamento cuenta la historia de Jesús y cómo el mensaje del Evangelio comenzó a extenderse por todo el mundo.

Vamos a centrarnos en lo que creemos y enseñamos sobre la Biblia. Creemos que la Biblia dice la verdad sobre Dios, sobre las personas y sobre nuestro mundo. Es una guía probada y fiable para cuestiones de teología, filosofía, ciencia, espiritualidad, historia y ética.

La Biblia es un libro polifacético. Por un lado, el mensaje central de la salvación a través de la fe en Jesús puede ser fácilmente comprendido. Por otro lado, la Palabra de Dios tiene una riqueza y una complejidad que te recompensará con una nueva visión a lo largo de toda una vida de estudio. Dios dice que su Palabra es «viva y poderosa» (Hebreos 4:12), lo que significa que habla a todas las personas y para todos los tiempos.

La mejor manera de conocer la Biblia es leyéndola. Sugerimos empezar con uno de los evangelios: Mateo, Marcos, Lucas o Juan. Esto le dará una imagen clara de Jesús, que es la plenitud de la revelación de Dios. Después de eso, algunos buenos libros para los estudiantes de la Biblia principiantes son: 1 Juan, Filipenses, Santiago, Salmos y Proverbios.

Cuando leas la Biblia, recuerda esta palabra clave para entenderla bien: CONTEXTO. El significado de cualquier pasaje de las Escrituras se entiende mejor cuando se conoce al autor humano, la audiencia original, el escenario histórico/cultural original y dónde encaja el pasaje en la historia de la redención. También es importante considerar la ubicación de cualquier pasaje dentro del libro. Considere los versos que vienen justo antes o después de cualquier verso en particular para ver su significado apropiado.

El estudio cuidadoso de la Biblia siempre tiene su recompensa. Sabemos que todos los creyentes en Jesús están llenos del Espíritu Santo que nos guía a toda la verdad (Juan 16:13). Siempre debemos orar y pedir al Espíritu Santo que nos dé una visión de su Palabra. Por último, creemos que la Biblia está destinada a ser estudiada en comunidad. Por eso enseñamos la Biblia en nuestras reuniones de enseñanza y adoración.. Nuestros pastores dedicados a la enseñanza están calificados para interpretar y comunicar la Biblia clara y correctamente. También ofrecemos muchas oportunidades para el estudio de la Biblia en grupo para que podamos compartir la discusión y el apoyo mutuo mientras nos esforzamos por entender y obedecer la Palabra de Dios.

La Biblia: La palabra inspirada de Dios

2 PEDRO 1:19-21

Esto ha venido a confirmarnos la palabra de los profetas, a la cual ustedes hacen bien en prestar atención, como a una lámpara que brilla en un lugar oscuro, hasta que despunte el día y salga el lucero de la mañana en sus corazones. Ante todo, tengan muy presente que ninguna profecía de la Escritura surge de la interpretación particular de nadie. Porque la profecía no ha tenido su origen en la voluntad humana, sino que los profetas hablaron de parte de Dios, impulsados por el Espíritu Santo.

—

La Biblia es el libro más publicado y leído de la historia de la humanidad. La Biblia es el libro más vendido de todos los tiempos, pero, ¿se puede confiar en ella? ¿Cómo podemos confiar en un libro que fue escrito hace tanto tiempo?

La respuesta es que la Biblia está inspirada por Dios. Cada uno de sus 66 libros fue escrito por un autor humano, al que Dios guió mientras escribía. Los versículos anteriores nos ayudan a entender que toda la Escritura -literalmente, cada palabra- fue exhalada por Dios a través de autores humanos llevados por el Espíritu Santo.

La inspiración de Dios no ignoró la personalidad o el estilo de escritura de los autores. Por eso cada libro de la Biblia se lee o suena un poco diferente. Puedes sentir la frustración de Pablo, la reticencia de Jonás, la confianza de David y el amor de Juan. Dios utilizó las personalidades únicas de cada uno de ellos para transmitir sus palabras de la manera que Él quería.

Estas son las palabras de Dios y llevan su autoridad. Son dignas de confianza y verdaderas. Por eso Pedro nos dice que haríamos bien en prestarles atención.

DESCUBRE: Consulta Salmo 1, Salmo 119:4-6 y 2 Timoteo 3:16 ¿Qué aprendes sobre la palabra de Dios en estos tres pasajes?

Salmo 1

_____

_____

_____

Salmo 119:4-6

_____

_____

_____

2 Timoteo 3:16

_____

_____

_____

TIEMPO DE ORACIÓN: Señor, ayúdame a confiar en tu Palabra. Utiliza la Biblia para moldear mi pensamiento y formar mi carácter. Ayúdame a escuchar tu voz en sus páginas para que pueda conocerte y amarte más cada día. Amén.

La Biblia: Las instrucciones autoritativas de Dios

2 TIMOTEO 3:16
Toda la Escritura es inspirada por Dios y útil para enseñar, para reprender, para corregir y para instruir en la justicia.

—

La autoridad puede hacernos sentir incómodos. Lo experimentas cada vez que ves un carro de policía en la carretera y te preguntas de repente si te van a multar por exceso de velocidad. Podemos temer a la autoridad si ignoramos sus instrucciones o desafiamos sus indicaciones. Pero cuando nos sometemos y obedecemos a las autoridades en nuestras vidas, no hay nada que temer.

También tendemos a rebelarnos contra cualquier autoridad externa. Nos reusamos a que nos digan qué hacer o cómo vivir. Sin embargo, sabemos que necesitamos la autoridad de Dios en nuestras vidas. Como niños, necesitamos que nuestros padres nos enseñen cómo vivir. Como ciudadanos, estamos mejor cuando obedecemos las leyes del país. Incluso en asuntos ordinarios, como ponerse en forma o cocinar un pavo para el Día de Acción de Gracias, consultamos a las autoridades (entrenadores o cocineros) para que nos ayuden a conocer la mejor manera.

Los cristianos creen que, dado que la Biblia es la palabra inspirada por Dios para la humanidad, tiene autoridad en todos los ámbitos de la vida. La «autoridad» proviene de un autor y el autor último de la Biblia es Dios.

Recuerda que la autoridad de Dios no es la de un tirano ambicioso de poder, sino la de un Padre amoroso que quiere lo mejor para sus hijos.

La Biblia nos asegura que la autoridad de las Escrituras es "provechosa" o beneficiosa para nosotros. La Biblia nos ayuda a entender cómo vivir ("enseñanza"), en qué nos equivocamos ("represión"), cómo cambiar ("corrección") y cómo crecer en nuestra relación con Dios ("formación en la justicia").

Optemos por abrazar la verdad de 2 Timoteo 3:16 y aceptemos la buena autoridad de Dios sobre nuestras vidas.

DESCUBRE: Consulta: el Salmo 19:7, el Salmo 119:97-104 y 1 Tesalonicenses 2:13.

¿Qué área de tu vida necesitas cambiar, sometiéndote a la autoridad de las Escrituras?

_____

_____

_____

¿Cuál es un área de tu vida que Dios está usando las Escrituras para cambiar ahora mismo?

_____

_____

_____

TIEMPO DE ORACIÓN: Señor, ayúdame a confiar en la autoridad de tu Palabra para que pueda crecer en mi relación contigo. Ayúdame a aprender a confiar más en ti. Amén.

Descubrir la Biblia por uno mismo

JOSUÉ 1:8
Recita siempre el libro de la ley y medita en él de día y de noche; cumple con cuidado todo lo que en él está escrito. Así prosperarás y tendrás éxito.

Si participas en la iglesia, vas a darte cuenta que la Biblia es leída y enseñada con regularidad. Tu grupo pequeño la estudiará. Se leerá y predicará en el tiempo de adoración y enseñanza de cada servicio. . Puede que tus hijos lleguen a casa recitando los versículos que han aprendido en el ministerio infantil. Puede que incluso te encuentres cantando la Biblia, ya que muchas letras de canciones de adoración están tomadas directamente de las Escrituras. Es bueno escuchar y cantar la Palabra de Dios tal y como se nos entrega, pero también queremos aprender a leer y estudiar la Biblia por nosotros mismos.

Cuando Moisés murió, Josué se convirtió en el líder de toda la nación de Israel. Tenía la enorme tarea de conducirlos a la Tierra Prometida. Sería fácil sentirse abrumado por semejante tarea. Justo al principio de esta tarea, Dios le ordenó que leyera, estudiara y conociera la palabra de Dios por sí mismo. Le dijo que se saturara de ella, día y noche. La Palabra de Dios daría a Josué la sabiduría que necesitaba. Le daría fuerza espiritual y determinación. Le ayudaría a conocer al Dios al que adoraba para que Dios fuese el ancla de su alma en todos los altibajos de su vida y de su liderazgo.

Lo mismo ocurre con nosotros cuando caminamos con Jesús. Cuando pasamos tiempo leyendo y estudiando la Biblia por nosotros mismos, aprendemos más sobre el carácter de Dios, las enseñanzas de Jesús y el ejemplo de otros creyentes. Realmente no hay nada que sustituya al tiempo dedicado a la Palabra de Dios.

La Palabra de Dios forma poderosamente nuestro carácter. Jesús siempre dedicó tiempo a la oración y al estudio de la Palabra de Dios. Durante siglos, los cristianos han seguido su ejemplo dedicando un tiempo diario para leer la Palabra de Dios y meditar en ella.

DESCUBRE: Consulta el Salmo 119:9-16

¿Qué beneficios aporta el tiempo regular en la Palabra de Dios?

_____

_____

_____

¿En qué momento del día podrías dedicar un tiempo para leer y reflexionar sobre la Palabra de Dios?

_____

_____

_____

TIEMPO DE ORACIÓN: Señor, revélame tu voluntad a través de tu Palabra y utilízala para hacerme más parecido a Cristo. Amén.

Edifica tu familia sobre la Palabra de Dios

DEUTERONOMIO 6:6-9

Grábate en el corazón estas palabras que hoy te mando. Incúlcaselas continuamente a tus hijos. Háblales de ellas cuando estés en tu casa y cuando vayas por el camino, cuando te acuestes y cuando te levantes. Átalas a tus manos como un signo; llévalas en tu frente como una marca; escríbelas en los postes de tu casa y en los portones de tus ciudades.

—

De la misma manera que Dios ordenó a Josué que meditara regularmente en la Biblia, Dios ordena a nuestras familias que ordenen sus vidas en torno a la Palabra de Dios.

Dice a los padres que enseñen "continuamente" las palabras de Dios a sus hijos. Dice que hablemos de la Palabra de Dios a lo largo del día en todo lo que hagamos. La idea es que nuestros hogares y nuestras vidas deben estar impregnadas de la verdad de Dios y del Evangelio.

Queremos honrar a la Biblia como nuestra fuente de dirección y una valiosa voz de sabiduría en nuestros hogares. Muchas familias cristianas tienen un tiempo devocional familiar reservando un tiempo dedicado a leer y estudiar juntos la Palabra de Dios. En Family Church, damos a los niños una tarjeta de Tiempo en Familia cada semana para simplificar la programación de los tiempos devocionales familiares.

Aunque es importante dedicar un tiempo de devoción, el pasaje de hoy nos dice que podemos hablar de la Biblia y de su sabiduría durante todo el día: cuando te levantas, cuando te acuestas, cuando estás en casa y cuando sales. La Biblia es tan aplicable a nuestras vidas que podemos hablar de ella en cualquier momento y en cualquier lugar: en el automóvil de camino al colegio, durante el desayuno y la cena, en el entrenamiento de fútbol o en una relajada tarde de sábado.

La Biblia ofrece una sabia orientación para todos los aspectos de la vida de nuestros hijos: la forma en que tratan a sus amigos, la forma en que hacen sus tareas escolares y la forma en que hacen sus quehaceres en la casa.

Incorporar la Palabra de Dios en todos los aspectos de tu vida puede requerir cierta práctica. ¡No te desanimes! Enséñala con regularidad, habla de ella a menudo y, lo más importante, ¡deja que tus hijos te vean vivir para Jesús todos los días!

DESCUBRE: Consulta: Deuteronomio 6:1-9.

¿Qué pasos te inspira este pasaje para dirigir a tu familia espiritualmente?

_____

_____

_____

_____

_____

_____

TIEMPO DE ORACIÓN: Padre, ayúdame a dar el siguiente paso para guiar a mi familia hacia tu Palabra y hacia una relación más profunda contigo. Amén.

Dar por la Iglesia

HECHOS 4:32-37

Todos los creyentes eran de un solo sentir y pensar. Nadie consideraba suya ninguna de sus posesiones, sino que las compartían. Los apóstoles, a su vez, con gran poder seguían dando testimonio de la resurrección del Señor Jesús. La gracia de Dios se derramaba abundantemente sobre todos ellos, pues no había ningún necesitado en la comunidad. Quienes poseían casas o terrenos los vendían, llevaban el dinero de las ventas y lo entregaban a los apóstoles para que se distribuyera a cada uno según su necesidad.

José, un levita natural de Chipre, a quien los apóstoles llamaban Bernabé (que significa: Consolador), vendió un terreno que poseía, llevó el dinero y lo puso a disposición de los apóstoles.

—

El pasaje de hoy nos da un vistazo a la vida de la primera iglesia. Una característica distintiva era su generosidad económica. Ofrendar había sido durante mucho tiempo una parte de la tradición religiosa judía. Los antiguos israelitas daban ofrendas de culto en el templo del Antiguo Testamento. La práctica del diezmo -dar el primer diez por ciento al Señor y a su obra- se remonta a Abraham. En la época de Jesús, se esperaba que todos los judíos dieran para apoyar la obra del templo y para mantener a los pobres.

Sin embargo, el espíritu de generosidad que surgió en la iglesia primitiva fue tan inusual que se menciona en varios lugares del Nuevo Testamento. Su amor por el Señor y por los demás se desbordó en donaciones sacrificadas como las de Bernabé. Dar dinero para apoyar el trabajo de la iglesia es una parte normal de la vida cristiana. Demuestra nuestro amor a Dios y le reconoce como la fuente de todo lo que tenemos. Es un acto de adoración. Observa cómo dio Bernabé. Lo dio todo porque quería darlo todo. También dio basándose en lo que tenía, no en lo que no tenía. Entregó su donativo a los líderes de confianza de la iglesia. Dio por el bien de la iglesia y su misión.

Así es como Dios quiere que demos. Puede que nos parezca que no tenemos suficiente margen económico para dar. En Family Church, enseñamos que el dar debe ser regular, proporcional, generoso y sacrificado. El siguiente pasaje nos da un ejemplo de cómo incluso los cristianos pobres pueden dar generosamente.

DESCUBRE: Consulta: 2 Corintios 8:1-8

¿Qué pasos puedes dar hacia el tipo de generosidad que ves en los pasajes bíblicos de hoy?

_____

_____

_____

_____

_____

TIEMPO DE ORACIÓN: Señor, te entregaste generosamente por mí y por tantos otros. Ayúdame a ser generoso con mi tiempo, mi dinero y mi amor. Amén.

Servir y pertenecer

1 CORINTIOS 12:12-20

De hecho, aunque el cuerpo es uno solo, tiene muchos miembros, y todos los miembros, no obstante ser muchos, forman un solo cuerpo. Así sucede con Cristo. Todos fuimos bautizados por un solo Espíritu para constituir un solo cuerpo —ya seamos judíos o gentiles, esclavos o libres—, y a todos se nos dio a beber de un mismo Espíritu.

Ahora bien, el cuerpo no consta de un solo miembro, sino de muchos. Si el pie dijera: «Como no soy mano, no soy del cuerpo», no por eso dejaría de ser parte del cuerpo. Y, si la oreja dijera: «Como no soy ojo, no soy del cuerpo», no por eso dejaría de ser parte del cuerpo. Si todo el cuerpo fuera ojo, ¿qué sería del oído? Si todo el cuerpo fuera oído, ¿qué sería del olfato? En realidad, Dios colocó cada miembro del cuerpo como mejor le pareció. Si todos ellos fueran un solo miembro, ¿qué sería del cuerpo? Lo cierto es que hay muchos miembros, pero el cuerpo es uno solo.

—

No hay sentimiento como el de pertenecer. ¿Recuerdas cuando eras un(una) niño(a) y pertenecías a un grupo de amigos que te aceptaban tal y como eras? ¿O tal vez no tenías un grupo así, pero ansiabas ese tipo de pertenencia?

Todo cristiano pertenece a la Iglesia de Dios, como tu mano pertenece a tu cuerpo. La Biblia llama a la Iglesia el cuerpo de Cristo. Cada uno de nosotros es una de sus partes: somos diferentes, pero somos indispensables. Pertenecemos.

Dios ha dado a cada creyente dones para fortalecer la iglesia. No es casualidad que pertenezcas a tu iglesia. Dios te ha colocado allí porque la iglesia necesita tus dones. Si no ejercieras tus dones en la iglesia, ésta funcionaría como un cuerpo sin mano o sin ojo. Le faltaría algo importante: ¡tú! ¿La cuestión? Tú haces una contribución insustituible a la salud de tu iglesia. Nadie más puede hacer exactamente lo que Dios ha preparado para ti.

Servir es una forma como Dios te utiliza para honrarle y bendecir a los demás. El Espíritu Santo te capacita para utilizar tus dones. Su poder, unido a la experiencia y a la pasión, produce el máximo impacto para Dios. En Family Church queremos ayudarte a descubrir tus dones y a encontrar un lugar en el que puedas servir con tus dones para que puedas sentir gozo y Dios sea glorificado.

DESCUBRE: Consulta: Efesios 4:4-6

¿Qué dones espirituales te ha dado Dios? ¿Cómo puedes utilizar tus dones para servir a la Iglesia?

_____

_____

_____

_____

_____

TIEMPO DE ORACIÓN: Señor, gracias por hacerme parte de tu cuerpo, y por darme dones únicos. Ayúdame a descubrir cómo quieres que sirva con mis dones. Amén.

Si estás interesado en aprender más sobre tus dones espirituales, visita https://gifts.churchgrowth.org/.

Comparte la luz

MATEO 5:13-16

Ustedes son la sal de la tierra. Pero, si la sal se vuelve insípida, ¿cómo recobrará su sabor? Ya no sirve para nada, sino para que la gente la deseche y la pisotee. Ustedes son la luz del mundo. Una ciudad en lo alto de una colina no puede esconderse. Ni se enciende una lámpara para cubrirla con un cajón. Por el contrario, se pone en la repisa para que alumbre a todos los que están en la casa. Hagan brillar su luz delante de todos, para que ellos puedan ver las buenas obras de ustedes y alaben al Padre que está en el cielo.

—

Cuando te despiertas en mitad de la noche y necesitas ir al baño, ¿enciendes todas las luces? Probablemente no. Es tu casa y conoces el camino. Es fácil sentirse así hasta que una noche pisas un Lego o te tropiezas con algo que has olvidado. Por eso usamos luces nocturnas; incluso un poco de luz puede ayudarte a llegar con seguridad a tu destino.

La Biblia dice que los creyentes son como luces que brillan en la oscuridad y muestran el camino. No somos pequeñas y tenues luces nocturnas. Somos como una ciudad en lo alto de una colina que puede verse a kilómetros de distancia.

¿Recuerdas cómo era antes de convertirte en cristiano/a, dando tumbos en la oscuridad, sin saber lo que te esperaba ni a dónde ibas? Puede que te hayas sentido solo/a y vacío/a. Puede que te hayas sentido quebrantado y golpeado por la vida. Las cosas que creías resultaron ser mentiras e ilusiones.

Ahora mismo hay personas a nuestro alrededor que están perdidas, divagando y sufriendo. Dios quiere que seamos la luz para ellos, que les mostremos el camino para encontrar el perdón y la sanación que hemos encontrado en Jesús.

Para iluminar el mundo caído que nos rodea, necesitamos que nuestra luz brille. Podemos hacerlo extendiendo la mano con amabilidad y buenas obras. Podemos sazonar nuestras palabras y acciones con el amor de Jesús (como la sal). Podemos extender una mano de amistad y gracia a los que nos rodean.

Podemos compartir nuestro amor y el Evangelio. Podemos guiarles amablemente hacia la verdad.

DESCUBRE: Consulta: Colosenses 4:2-6

¿Quién es una persona en tu vida en este momento que necesita desesperadamente tu luz? ¿Qué puedes hacer para ayudarles a ver la verdad?

_____

_____

_____

_____

_____

_____

TIEMPO DE ORACIÓN: Jesús, por favor, abre una puerta para que pueda compartir cómo me has cambiado con alguien que necesita oírte. Amén.

Ora por los obreros

LUCAS 10:2

Es abundante la cosecha —les dijo—, pero son pocos los obreros. Pídanle, por tanto, al Señor de la cosecha que mande obreros a su campo.

—

En Family Church, a menudo pensamos en el hecho de que el 96% de las personas del sur de Florida no están conectadas a una iglesia centrada en el Evangelio. Esto significa que, como mínimo, hay millones de personas a nuestro alrededor que no conocen a Jesús como Salvador. Están errantes y perdidos. Y sin embargo, nuestra experiencia nos dice que muchas de estas personas están abiertas a conversaciones sobre la fe. La cosecha es abundante.

Dios nos pide que nos unamos a él en su obra. Nos pide que compartamos las buenas noticias del Evangelio. Para mover la aguja sólo 1% de los perdidos en el condado de Palm Beach se necesitaría que 15.000 personas llegaran a la fe en Jesús. ¡Eso es mucha gente!

Ante este reto aparentemente imposible, podríamos rendirnos. Sería fácil encogernos de hombros y seguir acudiendo a la iglesia sin pensar en nuestros vecinos alejados de Dios. O bien, podríamos lanzarnos a la tarea de la evangelización, dando nuestro máximo esfuerzo para compartir el evangelio tanto como podamos. Por eso Jesús nos indica que oremos. A veces podemos olvidar que la oración es la herramienta más poderosa que tenemos. Santiago 5:16 nos dice que nuestras oraciones tienen «gran poder».

Jesús nos dice exactamente por qué debemos orar: por más obreros. Necesitamos ser fieles para compartir el evangelio y ser fieles para entrenar a otros a hacer lo mismo. Necesitamos que Dios levante más obreros.

Sin la oración, la tarea es demasiado grande. Con la oración, nada es imposible. Que nuestra responsabilidad comience con una oración sincera y sentida al Señor de la cosecha para que nos envíe más obreros que ayuden en su campo.

DESCUBRE: Consulta: 1 Timoteo 2:1-4

¿Cuál es el deseo de Dios para los pueblos del mundo? ¿Qué papel desempeña nuestra oración para que se cumpla?

_____

_____

_____

_____

_____

TIEMPO DE ORACIÓN: Señor, reconozco mi impotencia en esta misión. Te pido que envíes obreros a una cosecha que está madura y preparada para escuchar el Evangelio. Amén.

En Family Church, muchos de nosotros ponemos nuestras alarmas a las 10:02 de la mañana todos los días para recordar que debemos orar Lucas 10:02, para que el Señor envíe obreros a su cosecha. ¿Te unirías a nosotros en este esfuerzo de oración?

¿Cuál es tu historia?

MARCOS 5:18-20

Mientras subía Jesús a la barca, el que había estado endemoniado le rogaba que le permitiera acompañarlo. Jesús no se lo permitió, sino que le dijo:
—Vete a tu casa, a los de tu familia, y diles todo lo que el Señor ha hecho por ti y cómo te ha tenido compasión.
Así que el hombre se fue y se puso a proclamar en Decápolis lo mucho que Jesús había hecho por él. Y toda la gente se quedó asombrada.

—

Jesús ha hecho mucho por nosotros. Murió en la cruz por nuestros pecados y resucitó. Cuando ponemos nuestra fe en él, su poder de resurrección comienza a actuar en nuestras vidas. La diferencia es enorme. El hombre de la historia de hoy fue atormentado por espíritus malignos durante muchos años sin ninguna esperanza, hasta que llegó Jesús y lo cambió todo.

Tu historia sobre la forma en que Jesús ha cambiado tu vida es tan individual y única para ti como el hombre poseído por el demonio en Marcos 5. Lo llamamos tu "testimonio", y es una forma poderosa de empezar a compartir a Jesús con otras personas.

Una forma sencilla de compartir tu historia es el llamado testimonio de 15 segundos. Elige dos palabras que describan tu vida antes de Cristo, y dos palabras que describan el cambio que Jesús ha hecho en tu vida. Luego, júntalas en una frase. Por ejemplo, podrías decir "Hubo un tiempo en mi vida en el que estaba lleno de miedo y sin esperanza. Entonces empecé a seguir a Jesús, y ahora tengo paz y propósito". Luego pregunta: «¿Tienes una historia así?».

Esta herramienta puede ayudar a iniciar una conversación sobre el evangelio. Normalmente, si la persona con la que hablas está interesada en saber más, continuará la conversación. Si no es así, es posible que cambie de tema y siga adelante.

Al principio, compartir tu historia de fe puede dar un poco de miedo. Podemos sentirnos inseguros sobre cómo responderán los demás. Sin embargo, con un poco de práctica, te sentirás más cómodo, al igual que las personas con las que compartes.

DESCUBRE: Consulta: Hechos 1:8

Escribe tu propio testimonio de 15 segundos.
¿Cómo era tu vida antes de Cristo? (dos palabras)

_____ y _____

¿Cómo es tu vida ahora? (dos palabras)

_____ y _____

Ahora, únelo en una sola frase. Sigue el ejemplo anterior.

_____

_____

_____

_____

TIEMPO DE ORACIÓN: Jesús, gracias por el cambio que has hecho en mi vida. Ayúdame a compartir mi historia con alguien hoy. Amén.

Intenta compartir tu testimonio de 15 segundos con tres personas esta semana. Practícalo con amigos y familiares para empezar.

Formar discípulos

MATEO 28:18-20

Jesús se acercó entonces a ellos y les dijo:
—Se me ha dado toda autoridad en el cielo y en la tierra.
Por tanto, vayan y hagan discípulos de todas las naciones,
bautizándolos en el nombre del Padre y del Hijo y del Espíritu
Santo, enseñándoles a obedecer todo lo que les he mandado
a ustedes. Y les aseguro que estaré con ustedes siempre, hasta
el fin del mundo.

—

Estas palabras de Jesús, las últimas del evangelio de Mateo, se llaman «La Gran Comisión». Jesús nos encarga que vayamos y hagamos lo que él pasó haciendo durante todo su ministerio: formar discípulos.

¿Qué significa formar un discípulo? Jesús nos lo mostró. Primero, pasó mucho tiempo con sus discípulos. El único momento en que Jesús no estaba con ellos era cuando estaba a solas orando al Padre. El discipulado se produce en el contexto de una relación estrecha y afectuosa.

En segundo lugar, les enseñaba, tanto con lo que decía como con lo que hacía. Los discípulos de Jesús aprendieron mientras enseñaba a las multitudes, y en momentos privados cuando les explicaba la palabra y los caminos de Dios. Los discípulos de Jesús también aprendieron de su ejemplo a dirigir con humildad, a tener compasión de los marginados y a mantenerse centrados en la misión y el llamado de Dios. Les aprobó tanto la verdad de Dios como su corazón de amor por las personas.

En tercer lugar, Jesús les envió a realizar tareas pastorales. Envió a sus discípulos, de dos en dos, a predicar el Reino de Dios en las aldeas, tal como habían visto hacer a Jesús.

Finalmente, justo antes de regresar al cielo, Jesús les ordenó que continuaran la labor de formar discípulos, en todas las naciones, hasta el fin de los tiempos.

Tú y yo podemos seguir a Jesús hoy porque los cristianos han formado discípulos desde entonces. Generación tras generación, hombres y mujeres fieles han estado compartiendo el evangelio y enseñando a nuevos cristianos cómo seguir a Jesús. Ahora nos toca a nosotros. Este evangelio de verdad y amor ha llegado a nosotros. Debemos compartirlo.

DESCUBRE: Consulta: 2 Timoteo 2:2

¿En qué se parecen las instrucciones de Pablo a Timoteo al mandato de Jesús de formar discípulos? ¿Cómo podrías empezar a formar discípulos?

_____

_____

_____

_____

TIEMPO DE ORACIÓN: Señor, ayúdame a estar disponible y dispuesto a ser utilizado por ti. Dame el deseo de dar lo que se me ha dado gratuitamente. Amén.

Diario HEAR[1]

El método de anotación en el diario HEAR, desarrollado por Robby Gallaty, es una forma de hacer que tu lectura de la Biblia sea más interactiva y que tu comprensión de esta sea más enriquecedora y relevante para tu vida.

El acrónimo HEAR significa Hacer hincapié (Resaltar), Explicar, Aplicar y Responder. Cada paso se basa en el anterior de manera que conecta la verdad de la Biblia con tu vida con un propósito transformador.

Para empezar, ora y pide a Dios que abra tu mente para entender la palabra. Esta es siempre una buena manera de comenzar tus encuentros con Dios.

Escribe la referencia bíblica del pasaje que vas a leer en la parte superior de la página, junto con la fecha, y justo debajo pon la letra H.

A continuación, lee el pasaje del día, observando cómo el Espíritu Santo puede hablarte a través de él. Léelo despacio, más de una vez, e identifica un versículo o parte de este que te llame la atención. Resalta o subraya la parte o partes que identifiques y pon el número del versículo junto a la H (Haz hincapié)

Debajo, escribe la letra E (Explica) en el margen. Escribe, lo mejor que puedas, lo que significan las partes que has destacado. Pueden ser unas pocas frases. Aquí tienes algunas preguntas para responder en la sección:

- ¿Por qué se escribió este pasaje?
- ¿Quién lo escribió y a quién se dirigía?
- ¿Cómo encaja con los versículos anteriores y posteriores?
- ¿Por qué puso Dios este pasaje en la Biblia?
- ¿Qué quiere Él que yo sepa o haga?

A continuación, escribe la letra A (Aplica) en el margen.

Aquí es donde considerarás el impacto de esta verdad en tu vida. Considera preguntas como:

[1]HEAR, por sus siglas en inglés, Highlight, Explain, Apply, Respond

- ¿Cómo quiere Dios que le obedezca?
- ¿Qué puedo aprender de este pasaje?
- ¿Qué cambio hace esto en mi vida hoy?
No te apresures en esta sección. Piensa y ora sobre ello y trata de ser lo más específico(a) posible.

Debajo de esto, escribe una R (Responde) en el margen.

Puedes utilizar esta sección de varias maneras. Puedes escribir un paso de obediencia que quieras dar, o un plan de acción. También puedes escribir una breve oración de respuesta pidiéndole a Dios que te ayude, te dé fuerza o te guíe mientras buscas obedecerle.

Llevar un diario te obliga a pensar más detenidamente y de forma más específica en la Biblia. Inténtalo. Descubrirás que tu lectura bíblica es más enriquecedora y gratificante.

---

² HEAR o sea, acción de escuchar. En los próximos días, vamos a empezar a llevar un diario HEAR a través del evangelio de Marcos para que puedas ver cómo es. ¡Empecemos!

La misión de Jesús es anunciada

MARCOS 1:1-8

Comienzo del evangelio de Jesucristo, el Hijo de Dios.
Sucedió como está escrito en el profeta Isaías:
Yo estoy por enviar a mi mensajero delante de ti,
*   el cual preparará tu camino».*
Voz de uno que grita en el desierto:
"Preparen el camino del Señor,
*   háganle sendas derechas".*
Así se presentó Juan, bautizando en el desierto y predicando el bautismo de arrepentimiento para el perdón de pecados. Toda la gente de la región de Judea y de la ciudad de Jerusalén acudía a él. Cuando confesaban sus pecados, él los bautizaba en el río Jordán. La ropa de Juan estaba hecha de pelo de camello. Llevaba puesto un cinturón de cuero, y comía langostas y miel silvestre. Predicaba de esta manera: «Después de mí viene uno más poderoso que yo; ni siquiera merezco agacharme para desatar la correa de sus sandalias. Yo los he bautizado a ustedes con agua, pero él los bautizará con el Espíritu Santo.

—

H: HAZ HINCAPIÉ: ¿Qué versículo o versículos te llaman más la atención de este texto? (No dudes en subrayarlos o resaltarlos en la parte superior).

_____

E: EXPLICA: ¿Qué significan los versos que has indicado?

_____

_____

_____

A: APLICA: ¿Cómo se aplican estos versículos a tu vida? ¿Cómo puedes obedecer lo que Dios te enseña en estos versículos?

_____

_____

_____

_____

R: RESPONDE: Escribe una breve oración o un paso de acción.

_____

_____

_____

_____

_____

_____

Comienza la misión de Jesús

MARCOS 1:9-20

En esos días llegó Jesús desde Nazaret de Galilea y fue bautizado por Juan en el Jordán. En seguida, al subir del agua, Jesús vio que el cielo se abría y que el Espíritu bajaba sobre él como una paloma. También se oyó una voz del cielo que decía: Tú eres mi Hijo amado; estoy muy complacido contigo».

En seguida el Espíritu lo impulsó a ir al desierto, y allí fue tentado por Satanás durante cuarenta días. Estaba entre las fieras, y los ángeles le servían

Después de que encarcelaron a Juan, Jesús se fue a Galilea a anunciar las buenas nuevas de Dios. Se ha cumplido el tiempo —decía—. El reino de Dios está cerca. ¡Arrepiéntanse y crean las buenas nuevas!

Pasando por la orilla del mar de Galilea, Jesús vio a Simón y a su hermano Andrés que echaban la red al lago, pues eran pescadores. «Vengan, síganme —les dijo Jesús—, y los haré pescadores de hombres». Al momento dejaron las redes y lo siguieron.

Un poco más adelante vio a Jacobo y a su hermano Juan, hijos de Zebedeo, que estaban en su barca remendando las redes. En seguida los llamó, y ellos, dejando a su padre Zebedeo en la barca con los jornaleros, se fueron con Jesús.

Continúe practicando el Método HEAR. El objetivo es que aprendas a leer y estudiar la Biblia por ti mismo.

H: HAZ HINCAPIÉ en uno o dos versos que te llamen la atención de este pasaje de la Escritura.

_____

E: EXPLICA lo que ves en este versículo.

_____

_____

_____

_____

A: APLICA. ¿Cómo puedes aplicar este versículo en tu vida hoy?

_____

_____

_____

_____

R: RESPONDE. Escribe una oración de respuesta o un paso de acción.

_____

_____

_____

_____

La misión de Jesús demuestra poder

MARCOS 1:21-34

Entraron en Capernaúm y, tan pronto como llegó el sábado, Jesús fue a la sinagoga y se puso a enseñar. La gente se asombraba de su enseñanza, porque la impartía como quien tiene autoridad y no como los maestros de la ley. De repente, en la sinagoga, un hombre que estaba poseído por un espíritu maligno gritó:

—¿Por qué te entrometes, Jesús de Nazaret? ¿Has venido a destruirnos? Yo sé quién eres tú: ¡el Santo de Dios!

—¡Cállate! —lo reprendió Jesús—. ¡Sal de ese hombre!

Entonces el espíritu maligno sacudió al hombre violentamente y salió de él dando un alarido. Todos se quedaron tan asustados que se preguntaban unos a otros: «¿Qué es esto? ¡Una enseñanza nueva, pues lo hace con autoridad! Les da órdenes incluso a los espíritus malignos, y le obedecen». Como resultado, su fama se extendió rápidamente por toda la región de Galilea

Tan pronto como salieron de la sinagoga, Jesús fue con Jacobo y Juan a casa de Simón y Andrés. La suegra de Simón estaba en cama con fiebre, y en seguida se lo dijeron a Jesús. Él se le acercó, la tomó de la mano y la ayudó a levantarse. Entonces se le quitó la fiebre y se puso a servirles.

Al atardecer, cuando ya se ponía el sol, la gente le llevó a Jesús todos los enfermos y endemoniados, de manera que la población entera se estaba congregando a la puerta. Jesús sanó a muchos que padecían de diversas enfermedades. También expulsó a muchos demonios, pero no los dejaba hablar porque sabían quién era él.

—

Sigue practicando el estudio de la Biblia con el método HEAR. El objetivo es que aprendas a leer y estudiar la Biblia por ti mismo(a).

H: HAZ HINCAPIÉ en uno o dos versos que te llamen la atención de este pasaje de la Escritura.

E: EXPLICA lo que ves en este versículo.

_____

_____

_____

_____

A: APLICA. ¿Cómo puedes aplicar este versículo en tu vida hoy?

_____

_____

_____

_____

R: RESPONDE. Escribe una oración de respuesta o un paso de acción.

_____

_____

_____

_____

La misión de Jesús es protegida

MARCOS 1:35-45

Muy de madrugada, cuando todavía estaba oscuro, Jesús se levantó, salió de la casa y se fue a un lugar solitario, donde se puso a orar. Simón y sus compañeros salieron a buscarlo. Por fin lo encontraron y le dijeron:

—Todo el mundo te busca.

Jesús respondió:

—Vámonos de aquí a otras aldeas cercanas donde también pueda predicar; para esto he venido.

Así que recorrió toda Galilea, predicando en las sinagogas y expulsando demonios.

Jesús sana a un leproso

Un hombre que tenía lepra se le acercó, y de rodillas le suplicó:

—Si quieres, puedes limpiarme.

Movido a compasión, Jesús extendió la mano y tocó al hombre, diciéndole:

—Sí, quiero. ¡Queda limpio!

Al instante se le quitó la lepra y quedó sano. Jesús lo despidió en seguida con una fuerte advertencia:

—Mira, no se lo digas a nadie; solo ve, preséntate al sacerdote y lleva por tu purificación lo que ordenó Moisés, para que les sirva de testimonio.

Pero él salió y comenzó a hablar sin reserva, divulgando lo sucedido. Como resultado, Jesús ya no podía entrar en ningún pueblo abiertamente, sino que se quedaba afuera, en lugares solitarios. Aun así, gente de todas partes seguía acudiendo a él.

—

Sigue practicando el estudio de la Biblia con el método HEAR. El objetivo es que aprendas a leer y estudiar la Biblia por ti mismo/a.

H: HAZ HINCAPIÉ en uno o dos versos que le llamen la atención de este pasaje de la Escritura.

E: EXPLICA lo que ves en este versículo.

_____

_____

_____

_____

A: APLICA. ¿Cómo puedes aplicar este versículo en tu vida hoy?

_____

_____

_____

_____

R: RESPONDE. Escribe una oración de respuesta o un paso de acción.

_____

_____

_____

_____

La misión de Jesús continúa

MARCOS 2:1-12

Unos días después, cuando Jesús entró de nuevo en Capernaúm, corrió la voz de que estaba en casa. Se aglomeraron tantos que ya no quedaba sitio ni siquiera frente a la puerta mientras él les predicaba la palabra. Entonces llegaron cuatro hombres que le llevaban un paralítico. Como no podían acercarlo a Jesús por causa de la multitud, quitaron parte del techo encima de donde estaba Jesús y, luego de hacer una abertura, bajaron la camilla en la que estaba acostado el paralítico. Al ver Jesús la fe de ellos, le dijo al paralítico:
—Hijo, tus pecados quedan perdonados.
Estaban sentados allí algunos maestros de la ley, que pensaban: «¿Por qué habla este así? ¡Está blasfemando! ¿Quién puede perdonar pecados sino solo Dios?»
En ese mismo instante supo Jesús en su espíritu que esto era lo que estaban pensando.
—¿Por qué razonan así? —les dijo—. ¿Qué es más fácil, decirle al paralítico: "Tus pecados son perdonados", o decirle: "Levántate, toma tu camilla y anda" Pues para que sepan que el Hijo del hombre tiene autoridad en la tierra para perdonar pecados —se dirigió entonces al paralítico—: A ti te digo, levántate, toma tu camilla y vete a tu casa.
Él se levantó, tomó su camilla en seguida y salió caminando a la vista de todos. Ellos se quedaron asombrados y comenzaron a alabar a Dios.
—Jamás habíamos visto cosa igual —decían.

—

Sigue practicando el estudio de la Biblia con el método HEAR. El objetivo es que aprendas a leer y estudiar la Biblia por ti mismo/a.

H: HAZ HINCAPIÉ en uno o dos versos que le llamen la atención de este pasaje de la Escritura.

_____

E: EXPLICA lo que ves en este versículo.

_____

_____

_____

_____

A: APLICA. ¿Cómo puedes aplicar este versículo en tu vida hoy?

_____

_____

_____

R: RESPONDE. Escribe una oración de respuesta o un paso de acción.

_____

_____

_____

_____

Próximos pasos

¡Felicitaciones! Has completado PERSIGUE: Un devocional de 30 días. Es un gran logro. Esperamos que sientas que estás adquiriendo el hábito de pasar un tiempo diario con Dios.

Ahora que has comenzado con el diario HEAR en Marcos, te desafiamos a que continúes con todo el evangelio de Marcos. En la siguiente página, tenemos los pasajes desglosados para ti. Utilizando un simple cuaderno o diario, dedica una o dos páginas a cada pasaje hasta que completes todo el libro. ¡Cuando termines, tendrás tu propio comentario personal sobre el libro de Marcos!

Aquí hay otros pasos que puedes dar para avanzar en tu camino con Dios:

- Comparte con uno de tus pastores o un mentor espiritual que has completado este reto de 30 días de devoción. Ellos estarán emocionados por ti y pueden tener algunas ideas útiles sobre cómo puedes seguir creciendo.
- Compra una buena Biblia de estudio. Las introducciones a los libros y las notas de estudio te ayudarán a enriquecer tu lectura y estudio bíblico diario.
- Asiste a la clase de Primera Conexión en Family Church. Se ofrece al menos una vez al mes. Esta es una gran oportunidad para avanzar con tu relación con Jesús y la iglesia.
- Únete a un grupo de estudio de la Biblia.
- Encuentra un lugar donde puedas utilizar tus dones para servir a la iglesia.
- Recibe un entrenamiento para compartir la herramienta evangélica de los 3 Círculos. Esto aumentará tu confianza y eficacia como formador de discípulos.

ESQUEMA DEL EVANGELIO DE MARCOS

Día 31	Marcos 2:13-22
Día 32	Marcos 2:23 - 3:6
Día 33	Marcos 3:7-19
Día 34	Marcos 3:20-35
Día 35	Marcos 4:1-20
Día 36	Marcos 4:21-34
Día 37	Marcos 4:35-41
Día 38	Marcos 5:1-20
Día 39	Marcos 5:21-43
Día 40	Marcos 6:1-13
Día 41	Marcos 6:14-29
Día 42	Marcos 6:30-56
Día 43	Marcos 7:1-23
Día 44	Marcos 7:24-37
Día 45	Marcos 8:1-21
Día 46	Marcos 8:22-9:1
Día 47	Marcos 9:2-32
Día 48	Marcos 9:33-50
Día 49	Marcos 10:1-16
Día 50	Marcos 10:17-31
Día 51	Marcos 10:32-44
Día 52	Marcos 10:46-11:11
Día 53	Marcos 11:12-33
Día 54	Marcos 12:1-17
Día 55	Marcos 12:18-34
Día 56	Marcos 12:35-44
Día 57	Marcos 13:1-37
Día 58	Marcos 14:1-11
Día 59	Marcos 14:12-26
Día 60	Marcos 14:27-52
Día 61	Marcos 14:53-72
Día 62	Marcos 15:1-20
Día 63	Marcos 15:21-41
Día 64	Marcos 15:42-16:8

Guía de estudio para grupos - Introducción para los jefes de grupo

El Devocional Persigue puede ser una experiencia aún más enriquecedora cuando un grupo realiza el viaje en conjunto. Dirigir un grupo no es complicado, pero requiere intencionalidad. He aquí algunas sugerencias para los líderes de grupo.

TU PAPEL COMO LÍDER

El líder de un grupo marca el tono de toda la experiencia. Para que la experiencia sea buena, recuerda algunas cosas.

El grupo no subirá más alto que tú. Tener un programa devocional todos los días y cumplir con los desafíos de obediencia de la Palabra de Dios será un desafío para los miembros de su grupo. Es importante que tú mismo seas un modelo de fidelidad al hacer ambas cosas.

Anima a los demás. Se dice que nunca se ha conocido a una persona que esté demasiado animada. Poner tu vida en orden espiritual es un trabajo duro, y hay muchas fuerzas que se oponen a ello - los niños, el trabajo, las redes sociales, las interrupciones, Satanás, el mundo, y nuestra propia carne, sólo para nombrar algunos. Así que, cuando tú y los miembros de tu grupo tengan dificultades, no respondas como un sargento instructor - ¡anima!

Encuentra un primer seguidor. Cuando la gente se une a un grupo, no sigue al líder; sigue a los demás seguidores. Tu ejemplo fiel es superimportante, pero los miembros de tu grupo mirarán a su alrededor y harán lo que los demás estén haciendo. Busca a un miembro del grupo que se tome la experiencia tan en serio como tú para que ayude a marcar la pauta al resto del grupo.

CONVOCAR AL GRUPO

He aquí algunas sugerencias para reunir a un grupo para estudiar el libro del Devocional Persigue.

- Ora para saber a quién quiere Dios que invites a tu grupo. Pídele que te abra los ojos a personas que tal vez no se te hubieran ocurrido contactar naturalmente.
- Haz una lista de posibles miembros del grupo. Intenta que la lista sea el doble del número que esperas tener. Por ejemplo, si quieres un grupo de 8 personas, intenta tener una lista de 16 candidatos. Si necesitas ayuda para aumentar la lista, pregunta a tu pastor o a los interesados en el grupo si tienen amigos que puedan estar interesados.
- Elije una fecha, una hora y un lugar para tus sesiones de grupo.
- Invita personalmente a los miembros potenciales del grupo. Empieza dos semanas antes de que comience tu grupo e invita a cada persona tres veces utilizando tres métodos de contacto diferentes: invitación cara a cara, llamada telefónica o videollamada, mensaje de texto, correo electrónico, redes sociales, etc.
- Lleva a cabo la primera sesión, ¡y ya estás en marcha!

Plantilla de sesión de grupo
Las sesiones de grupo están diseñadas para durar una hora. Están organizadas en torno a un modelo de tres tercios, con un tiempo más o menos igual para cada parte: mirar hacia atrás, mirar hacia arriba y mirar hacia delante. Intenta mantener este equilibrio de tiempo.

Muchos grupos tienen la tentación de dedicar demasiado tiempo al contenido y descuidar la responsabilidad (mirando hacia atrás) y la aplicación (mirando hacia adelante). Los grupos más poderosamente transformadores se apoyan mucho no sólo en el conocimiento, sino en la obediencia. No te saltes el tiempo de rendición de cuentas al principio ni la anotación de las declaraciones de "lo quiero hacer" al final de la sesión. Si eres constante con esto, verás una mayor transformación en los miembros de tu grupo.

¡Gracias por estar dispuesto a guiar a un grupo a través de Persigue! Sabemos que será un viaje gratificante

GUÍA DE ESTUDIO EN GRUPO

Sesión 1: Bienvenida a PERSIGUE (60 minutos)

Materiales:
- Placas de identificación
- Pizarra blanca o rotafolio y marcador
- Bolígrafos y medias hojas de papel blanco

Antes del grupo: da la bienvenida a cada persona, anímala a llevar una placa con su nombre.

INTRODUCCIONES (15 MINUTOS)
Moderador: Preséntate.
Bienvenido a Persigue. Vamos a dedicar los próximos 30 días a establecer el hábito del tiempo diario con Dios, y en el camino hablaremos de los hábitos y prácticas básicas de los cristianos resilientes.

Alrededor de la sala:
- Háblanos de ti y de tu familia.
- Háblanos de las comidas favoritas de tu familia.
- ¿Por qué haces este estudio? ¿Qué esperas obtener de él?

ORA.

EL DIAGRAMA DE LOS 3 CÍRCULOS Y EL EVANGELIO (15 MINUTOS)
Dibuja el diagrama de los tres círculos en la pizarra y explícalo mientras lo dibujas. (3 minutos)

(Importante: Modelar correctamente los 3 Círculos es fundamental. Demuéstralo *exactamente* como quieres que lo expliquen cuando lo compartan con un no creyente. No debes tardar más de tres minutos).

- Dios tiene un diseño para nuestras vidas: nos da mandamientos para nuestro bien y sabe lo que es mejor para nosotros.
- De diferentes maneras, todos pecamos y nos apartamos de su diseño, prefiriendo hacer las cosas a nuestra manera.

- Inevitablemente aterrizamos en la ruptura. Tampoco nos sentimos bien: nuestras relaciones no están bien, nuestra identidad está fuera de lugar, y puede ser doloroso. Así que, para arreglar nuestro estado, perseguimos nuestras propias soluciones, volcándonos en sustitutos que no nos pueden satisfacer. Hagamos lo que hagamos, seguimos atascados en la ruptura.
- La buena noticia es el Evangelio. Dios sabía que no podíamos escapar por nuestra cuenta; sabía que éramos impotentes, así que envió a su Hijo Jesús para rescatarnos. Jesús vivió una vida perfecta, murió en la cruz por nuestros pecados y, al tercer día, Dios le resucitó de entre los muertos.
- Así que lo que Dios quiere que hagamos es arrepentirnos de nuestro pecado y creer en el evangelio.
- Cuando lo hacemos, Dios perdona nuestros pecados, nos llena del Espíritu Santo, nos acoge en su familia, y podemos empezar a recuperar nuestra relación perdida con Dios y perseguirle en una vida de confianza y obediencia.

Durante la primera semana de Persigue, nos centraremos en el evangelio a través del lente de los tres círculos.

Por parejas: haz que las parejas se turnen para dibujar y explicar el diagrama de los tres círculos. Limita el tiempo de su práctica a 3 minutos para cada uno.

Después de la práctica: ¿Qué ha explicado bien tu compañero? ¿Qué preguntas tienes sobre los tres círculos?

Recuérdales que ser capaz de enseñar algo es una prueba de que lo has aprendido.

PERSIGUIENDO A DIOS - DESCUBRE LA BIBLIA (20 MINUTOS)

Veamos algunos pasajes de la Biblia que hablan de perseguir a Dios.

(Líder: para administrar el tiempo, puedes omitir uno o más de estos pasajes si lo deseas).

Lee Marcos 1:35-38
- ¿Cómo buscó Jesús su relación con Dios Padre?
- ¿Qué aprendemos del ejemplo de Jesús?

Lee 1 Corintios 9: 19-27
- ¿Qué tipo de esfuerzo ejercía Pablo en sus actividades pastorales?
- ¿Cómo podemos perseguir a Dios como un corredor que quiere ganar el premio?

Lee Mateo 22:36-40
- ¿Qué tipo de esfuerzo crees que se necesita para buscar a Dios?
- ¿De qué manera has buscado a Dios en el pasado?

¿Cuántos de ustedes son nuevos en tener tiempos devocionales y de oración diarios?
¿Cuál será su mayor desafío al buscar a Dios teniendo tiempos devocionales todos los días de esta semana?
¿Qué ayuda o apoyo necesitan?

MIRANDO HACIA ADELANTE: (10 MINUTOS)
Repartir los devocionarios PERSIGUE.

Muéstrales el formato básico del devocionario diario. Anímalos a responder a las preguntas escribiendo en el libro.

Haz hincapié en que sus respuestas a lo largo de la semana ayudarán a alimentar la discusión de la próxima semana.

Esta semana:
- Practica el dibujo del diagrama de los 3 círculos y explícalo a tres personas
- Lee las siete primeras lecturas del devocional PERSIGUE, una cada día. Trae tu libro la próxima semana para que puedas consultar las respuestas que escribas.

ORA.

Sesión 2: El Evangelio (60 minutos)

(Antes de esta sesión, ponte en contacto con los miembros del grupo y recuérdales que traigan sus libros PERSIGUE a la sesión del grupo.)

CONECTA: (10 MINUTOS)
¿Cómo fue tu semana? Todo el mundo comparte un alto y un bajo.
ORA.

MIRANDO HACIA ATRÁS (15 MINUTOS)
¿Cómo te fue haciendo los devocionales diarios esta semana? ¿Qué te funcionó? ¿Qué no te funcionó?
Repasa la semana de devocionales. ¿Cuál fue tu lectura favorita de esta semana? ¿Por qué?
¿Te ha surgido alguna pregunta durante la lectura que quieras hacer?
¿Con quién has podido compartir los 3 Círculos esta semana? ¿Cómo te fue? ¿Qué has aprendido?

DESCUBRE LA BIBLIA (20 MINUTOS)
Pasa al día 4. ¿Pueden algunos de ustedes compartir lo que escribieron para resumir el evangelio en sus propias palabras? (Toma las respuestas)

Leer juntos 1 Corintios 15:1-8
- ¿Qué te llama la atención de la descripción que hace Pablo del evangelio?
- ¿Por qué crees que Pablo considera el evangelio lo más importante (v. 3)?
- ¿Cómo afectó el evangelio a las personas mencionadas en este pasaje?

Lee Hechos 2:38-47
- ¿Cómo afectó el evangelio a los creyentes de este pasaje?
- ¿Cómo te ha afectado el Evangelio a ti?
- ¿Alguno de ustedes quiere compartir su respuesta al Día 5?

MIRANDO HACIA ADELANTE: (15 MINUTOS)

¿Qué has aprendido esta semana que puedas compartir con alguien?

¿Cómo quieres obedecer a Dios esta semana? Elige un área para mejorar.

(Pídele a cada persona que escriba una declaración de "yo quiero" que refleje cómo quieres buscar a Dios en la próxima semana. Escríbela para que pueda revisarla la próxima semana.)

¿Qué necesitas para ser consistente con tus devocionales Persigue esta semana?

(Anima a los miembros del grupo a ayudarse mutuamente, a comunicarse durante la semana, etc.)

¿Cómo podemos orar por ti?

ORA.

Sesión 3: Oración (60 minutos)

CONECTA (10 MINUTOS)

¿Qué tal la semana?
¿Quién tiene victorias para celebrar?
ORA.

MIRANDO HACIA ATRÁS (15 MINUTOS)

¿Cómo te fue con tu tiempo devocional? ¿Te estás acostumbrando a pasar tiempo a diario con Dios?
Revisa las metas de obediencia ("Yo quiero") que cada miembro escribió la semana pasada. Pregunta cómo les fue y anímalos sin importar si tuvieron éxito o fracasaron.
¿Alguien pudo compartir algo que aprendió con otra persona?

DESCUBRE LA BIBLIA (20 MINUTOS)

Hoy nos centraremos en el hábito de la oración. El primer pasaje muestra un día de la vida de Jesús.

Lee Marcos 1:29-38
- ¿Cómo se las arreglaba Jesús para encontrar tiempo para orar en medio de un ministerio tan ocupado?
- ¿Qué crees que hizo la oración por él?
- ¿Qué te enseña el ejemplo de Jesús sobre la oración?

Mira tú libro Persigue. ¿Qué te llamó la atención de los días 13 y 14 sobre la oración?
¿Cuáles son algunos de los obstáculos más comunes a los que se enfrenta la gente cuando ora?
¿Cómo has encontrado formas de superar esos obstáculos?
Lee Santiago 5:13-18
- ¿Qué cambio hizo la oración en ti?
- ¿Qué significa orar con fe?

MIRANDO HACIA ADELANTE (15 MINUTOS)

¿Qué has aprendido esta semana que puedas compartir con alguien?
¿Cómo quieres obedecer a Dios esta semana? Escoge un área para mejorar y escribe una declaración de "lo que quiero hacer". (Recuerda anotarlas para poder revisarlas la próxima semana).

Esta semana que viene, nuestros devocionales Persigue se centran en enseñarnos sobre la Biblia. ¿Qué necesitas para ser consistente con tus Devocionales Persigue esta semana? (Anime a los miembros del grupo a ayudarse mutuamente, a comunicarse durante la semana, etc.)

¿Cómo podemos orar por ti?

Pide a los miembros del grupo que se agrupen en parejas o tríos y oren unos por otros para concluir.

Sesión 4: La Biblia (60 minutos)

CONECTA (10 MINUTOS)
¿Cómo fue tu semana?
¿Qué ha sido lo más útil que has aprendido hasta ahora en tus devocionales o en nuestras reuniones de grupo?
ORA.

MIRANDO HACIA ATRÁS (15 MINUTOS)
¿Cómo van tus tiempos de devoción?
Revisa las metas de obediencia ("Yo quiero") que cada miembro escribió la semana pasada. Pregunta cómo les fue, y aliéntalos sin importar si tuvieron éxito o fracasaron.
¿Alguien pudo compartir algo que aprendió con otra persona?

DESCUBRE LA BIBLIA (20 MINUTOS)
- ¿Qué es lo que más te ha llamado la atención de nuestro estudio de la Biblia esta semana pasada?

Lee 2 Timoteo 3:14-17
- Estas palabras fueron escritas por Pablo a Timoteo, su discipulo, que viajó con Pablo y aprendió de él durante varios años.
- ¿Por qué crees que Pablo enfatiza la importancia de la Biblia a Timoteo?
- Según este pasaje, ¿cómo puede ayudarnos la Biblia?

Mira la advertencia de Pablo unos versículos más abajo, en 2 Timoteo 4:3-4. ¿Cómo se relaciona esto con lo que dice sobre la importancia de la Biblia?

Lee 2 Pedro 1:16-21
- Pedro era un apóstol de Jesús y relata su experiencia de ver a Jesús transfigurado. Sin embargo, concluye señalando no sus experiencias, sino las Escrituras.
- ¿Qué fuentes de información sobre Dios la gente sitúa a veces por encima de la Biblia?
- ¿Por qué crees que Pedro señala el origen divino de las Escrituras?

MIRANDO HACIA ADELANTE (15 MINUTOS)

¿Qué has aprendido esta semana que puedas compartir con alguien?

¿Cómo quieres obedecer a Dios esta semana? Escoge un área para trabajar y escribe una declaración de "lo que quiero hacer". (Recuerda anotarlas para poder revisarlas la próxima semana).

¿Qué esperas obtener de tu tiempo con Dios esta semana? (Anima a los miembros del grupo a ayudarse mutuamente, a comunicarse durante la semana, etc.)

¿Cómo podemos orar por ti?

ORA.

Sesión 5: Una vida persiguiendo a Dios (60 minutos)

CONECTA (10 MINUTOS)
¿Quién ha hecho algo divertido esta semana?
Compartan lo mejor y lo peor de la semana.
ORA.

MIRANDO HACIA ATRÁS (15 MINUTOS)
Revise los objetivos de obediencia ("yo quiero") que cada miembro escribió la semana pasada. Pregunte cómo les fue, y anímelos sin importar si tuvieron éxito o fracasaron.
¿Alguien pudo compartir algo que aprendió con otra persona?
¿Cómo estuvo el diario HEAR de esta semana?
Comparte una idea que hayas obtenido de tu diario esta semana.
¿Qué necesitarías para poder seguir con el diario HEAR?

DESCUBRE LA BIBLIA (20 MINUTOS)
Lee Hechos 1:8
- ¿Qué significa ser testigos de Jesús?
- ¿Cómo utiliza Dios nuestro testimonio de quién es Él?

Mira el día 24, donde escribiste tu testimonio de 15 segundos. El formato es "Hubo un tiempo en mi vida en el que era (inserta dos palabras/frases) pero luego comencé a seguir a Jesús, y ahora soy (inserta dos palabras/frases). ¿Tienes una historia así?". Después de que el líder del grupo comparta su testimonio de 15 segundos, ve alrededor del grupo y deja que todos compartan.

Lee Mateo 28:16-20
- ¿Cómo puede una persona común obedecer este mandato de hacer discípulos?
- ¿Qué dones tienes que podrían ayudarte a hacer discípulos?
- ¿Cómo podría alguien empezar a hacer discípulos?

MIRANDO HACIA ADELANTE (15 MINUTOS)

¿Qué has aprendido esta semana que puedas compartir con alguien? ¿Cómo quieres obedecer a Dios esta semana? Escoge un área para trabajar y escribe una declaración de "lo que quiero". (Recuerda anotarlas para poder revisarlas la próxima semana). Agradece al grupo por participar en el estudio Persigue. Anima a los miembros del grupo a seguir creciendo con el diario HEAR durante todo el evangelio de Marcos. Señala la lista de posibles pasos a seguir en la página ***. ¿Cómo podemos orar por ti? ORAR.

Made in the USA
Middletown, DE
28 September 2022

11267422R00051